非洲法评论

AFRICAN LAW REVIEW

（2022年卷）

◎主编 洪永红 郭炯

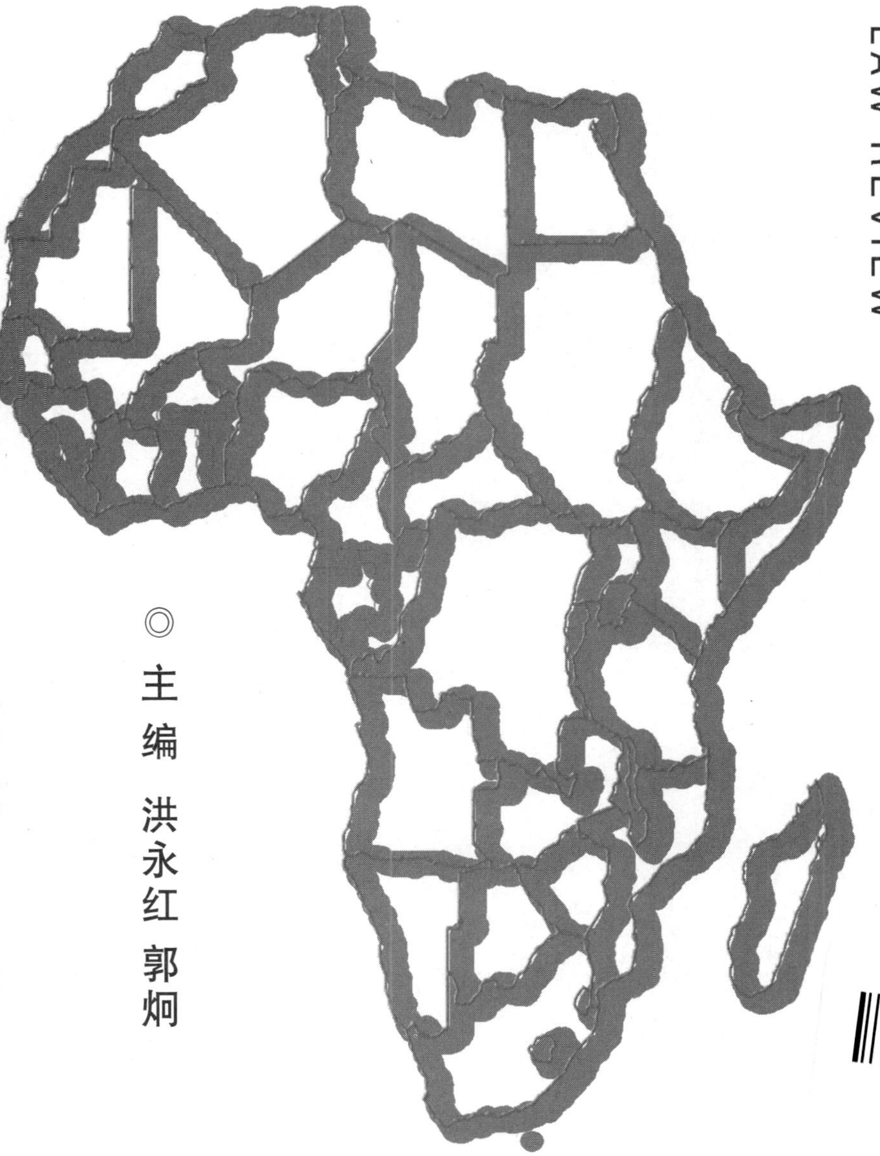

湘潭大学出版社
XIANGTAN UNIVERSITY PRESS

《非洲法评论》编辑委员会名单

目　录

专题一：非洲经贸投资法律专栏

专题二：非洲文教卫专栏

专题三：域外视角

专题一：非洲经贸投资法律专栏

莫桑比克本土化立法分析*

朱伟东　雷甜甜**

摘要：莫桑比克具有丰富的矿业和能源资源。为通过资源实施经济多样化战略，促进经济发展，提高民众福利水平，莫桑比克通过分散式立法形式在《矿业法》《石油法》《大型项目法》等法律及其实施条例中规定了不同的本土化措施。这些立法规定还存在一定缺陷，而且莫桑比克还存在本土能力不足的问题，这为本土化带来一些挑战。在目前的本土化法律框架下，一些公司通过采取有针对性的本土化措施，推动了莫桑比克的能力建设，也实现了其良性发展。从长远来看，莫桑比克正考虑制定专门的本土化立法，以进一步推进本土化进程。

关键词：莫桑比克；本土化；《矿业法》；《石油法》

引言

莫桑比克位于非洲东南部，资源禀赋优越。北部鲁伍玛盆地是莫桑比克最重要的含油气盆地，累计探明天然气可采储量逾 28316.8 立方米，位列全球第 13 位。莫桑比克丰富的油气和矿产资源吸引了多家国际矿业公司到莫桑比克投资开发，矿产行业成为外汇储备增长的重要来源。作为资源依赖型国家，莫桑比克十分重视自然资源和环境可持续管理。莫桑比克政府最新的五年发展规划（2020—2024 年）将确保矿产资源和油气开发的可持续性、

* 基金项目：本文是国家社科基金研究专项项目“非洲本土化立法研究”（项目编号：19VJX062）和国家社科基金重大项目“非洲国家和地区法律文本的翻译、研究与数据库建设”（项目编号：20&ZD181）的阶段性成果。

** 朱伟东，法学博士，中国社会科学院西亚非洲研究所非洲法律研究中心主任、研究员、博士生导师；雷甜甜，湘潭大学法学院硕士研究生。

透明度及提高对矿产资源开发的监管能力作为绿色经济发展的五大战略目标之一。与此同时，由于资源开发未转化为对当地经济部门的贡献，推动本土化成为莫桑比克发展议程中的优先事项。为此，莫桑比克在很多立法中都增加了本土化的内容，通过法律手段推动本土化发展。本文通过梳理莫桑比克的相关立法，考察其主要的本土化立法措施，并分析这些立法在实践中取得的效果及面临的挑战，最后探讨莫桑比克为更好推动本土化进程所拟采取的手段，以及一些企业为应对本土化要求所作出的努力，以期对莫桑比克本土化立法有全面的认识，拓展非洲本土化立法研究，为中国投资者在莫桑比克开展本土化经营提供参考。

一、莫桑比克本土化立法的主要内容

过去二十年来，莫桑比克是撒哈拉以南经济发展最迅速的国家之一，然而经济的迅速发展并未使该国摆脱贫困。莫桑比克拥有丰富的矿产资源，而且最近几年还发现了大量的天然气储备，但由于莫桑比克采掘行业发展仍十分有限，资源优势未能转化成对当地经济的贡献。为改变这一状况，克服“资源魔咒”现象，莫桑比克和许多其他非洲国家一样，① 将推进本土化作为资源管理和发展的重要措施。因此，莫桑比克目前的本土化规定主要集中于矿业、能源部门，如莫桑比克《矿业法》《矿业法条例》《石油法》。同时，莫桑比克《大型项目法》《外国人雇佣条例》《自由工业区海关管理条例》《公私合营法》等法律中也有一些本土化规定。

（一）矿业和能源部门的本土化立法

莫桑比克针对矿业部门的发展出台过多项政策与法律文件。莫桑比克2013年通过的一项矿产资源政策和战略定位于利用矿产资源推动工业化、多样化和经济变革。为解决技术鸿沟问题，政府还专门针对矿产资源部门部署了一项为期十年（2010—2020年）的人力资源训练战略，该项战略的核心就是本土化政策，致力于推动当地参与本土经济发展。2014年通过的新《矿业法》是矿产部门最重要的一部法律，与此前2002年的《矿业法》相比，新的立法给予了莫桑比克本土实体更大力度的优惠。莫桑比克《石油法》专注于石油的勘探与开采，其中也有多项本土化规定，如在特许权授

---

① 朱伟东：《非洲本土化立法的发展趋势及应对措施》，《学术探索》2022年第7期。

予方面给予本土企业优惠，要求外国人与莫桑比克实体联合才能提供商品与服务（本国实体须持股51%）等。从这个意义上来说，莫桑比克的本土化立法措施比起乌干达的本土化立法力度更强，与安哥拉、尼日利亚和加纳等国家的本土化立法相似。

根据莫桑比克《矿业法》《矿业法条例》《石油法》，推动本土商品服务的采购、本土劳动力雇佣、本土资本参与、明确矿产合同强制性条款是莫桑比克推动本土化发展的主要手段。《矿业法》针对矿产活动中商品和服务的采购制定了一系列要求，以推动莫桑比克的工业和技术发展。该法律要求矿产公司采购商品和服务必须优先考虑莫桑比克本土公司和个人。根据莫桑比克《投资法》第1条，莫桑比克人是指具有莫桑比克国籍的自然人，而莫桑比克本土公司是指依据莫桑比克法律成立、公司总部位于莫桑比克且由莫桑比克人持有至少50%股份的私人或公共公司。公司如需进行金额超过90万美元的大型采购，必须履行相应的招投标程序，并在莫桑比克报纸或公司网站上进行公布。只要本土供应商能在要求的时间内提供符合质量要求的产品，且产品价格（包含税款在内）不高于进口货物的10%，即应向本土供应商购买。外国自然人或法人如欲在矿产活动中作为供应商提供产品或服务，必须同莫桑比克公司联合。然而，法律对这一规定具体如何实施未进行明确，有待通过将来的规定或立法予以确定。《矿业法》还要求使用当地投入，如使用当地燃料发电、使用当地原材料进行加工制造。该法并未提及使用本土资源的最低比例要求，这有待投资者与莫桑比克政府通过矿产合同进行明确。另外，该法还要求，如果经济上允许，任何与莫桑比克生产的矿产相关的加工活动都须在本国进行。在石油行业，莫桑比克《石油法》要求莫桑比克政府应确保莫桑比克国有石油公司在石油产品的营销和销售过程中处于主导地位，而且在莫桑比克生产的油气产品的至少25%必须供应莫桑比克当地市场。同时，《石油法》还规定，为了保护公共利益，油气开采权的持有者应优先保证莫桑比克政府获得在特许区域生产的石油。这样的规定授予莫桑比克国有石油公司和莫桑比克政府获得本国石油资源的优先权，有利于保护莫桑比克的利益，使石油资源更好服务于国家发展需要。

推进本土劳动力雇佣方面，《矿业法》要求矿产公司在本土劳动力具有同等竞争力的条件下，优先保证本土劳动力的雇佣，并且向莫桑比克劳动者提供培训。矿产公司须对所有职位空缺进行公告，详细描述职位所要求的专业技能，以便有相关资质和能力的本国公民申请职位，尤其是创造条件让更多符合条件的本土工人进入技术复杂程度较高的岗位及管理岗位。但是这一要求不适用于分包商。此外，莫桑比克《外国人雇佣条例》对所有依照莫桑比克法律经营的公司提出了一些本土化要求。莫桑比克政府可出于公共利益考虑，为本国公民保留特定的活动和职位。公司雇佣外国职员必须经劳动部授权，如已满足该法规定的雇佣比例要求，则向莫桑比克劳动部发出通知即可。该法规定的雇佣比例要求为：大型公司（员工超过 100 名）中的外国职员不得超过所有雇员的 5%，中型公司（员工介于 10 ~ 100 名）中的外国职员不得超过所有雇员的 8%，小型公司（员工不足 10 名）不得超过 10%。[①] 如果政府与公司签订的是《大型项目法》规定中的特殊合同，以上比例可能会有所改变。

提高本土资本参与方面，《公私合营法》第 33 条第 1 款关于矿产特许经营的规定要求当地资本在企业中占比必须介于 5% ~ 20%，企业如欲获得自然资源开采权，须保证政府在项目任何阶段均有权免费获得至少 5% 的股本份额。《矿业法》要求矿产公司须在莫桑比克证券交易所上市，然而并未对本条要求进行明确，难以确定这条规定是要求项目的特定比例上市还是整个公司的所有资本上市。尽管如此，该条规定仍有望加强莫桑比克投资者在矿产公司中的参与程度。根据《矿业法》规定，国家在矿产项目中的参与及对矿产资源的控制也有望大幅提高。必要时，政府有权要求矿产经营者向其售卖矿产资源，用于本国工业发展。国家控制还体现在矿产权利的转让须经政府事先同意，无论是利益的转让还是权利份额的转让。为了进一步保护莫桑比克人或本土公司的利益，《矿业法》还规定，对于小型或手工采矿，只有莫桑比克人或莫桑比克本土公司才能获得采矿许可证。

新的《矿业法》在给予本土实体更大力度优惠的同时，在许可授予、采矿时间限制、环境保护等方面对矿产经营者也实施了更为严格的要求。矿产经营者开展矿产活动的时间比起旧的采矿法更短。以矿产勘探许可最长时限为例，勘探建筑材料的许可最长时限为 2 年（可延长一次），而这一时限在 2002 年《采矿法》中为 5 年；勘探其他矿产资源的许可最长时限为 5 年，可延长一次，但只能延长 3 年，2002 年《采矿法》中规定可延长 5 年。一旦发现矿产资源，其开采也要受到严格的时间限制。如果经营者未能满足时

---

① 洪永红、肖嘉英：《注重莫桑比克雇佣外国劳工的限制》，《中国投资（中英文）》2021 年第 ZB 期。

间限制，政府则有权撤销相关许可。新《矿业法》还要求经营者提交设施拆除计划，提供拆除计划实施的资金保障且须经莫桑比克相关机构批准通过，但并未明确何时需提供这样的保证。环境合规要求不再基于项目的环境影响作出，而是取决于经营者所持有的不同矿产活动许可。如矿产活动影响到地区居民，经营者须做好重新安置工作，包括支付赔偿。为保证法律的实施，违反《矿业法》的行为可能会导致刑事责任（如未获得必要授权的资源勘探、生产、加工或市场化行为）。政府有权撤销许可的情形也十分广泛，如矿产权利持有人对政府负债时政府即有权撤销许可。

莫桑比克上述法律并未对所有本土化要求作出详细规定，而是将更多细节留待矿产、油气勘探、采掘和生产合同进行明确。虽然每个合同的范围都不同，但此类合同中包含着许多相似的本土成分要求，如本土劳动力雇佣比例、推动本土供应链发展的项目等。在莫桑比克，所有矿产、油气合同必须在政府公报上公布，且须经行政法庭事先批准。

（二）其他行业的本土化立法

为吸引外资、拓展出口贸易，莫桑比克设立了特别经济区和自由工业区，给予自由工业区内的企业关税和税收优惠待遇，而进入自由工业区的企业、商品须满足一定的本土化要求。根据莫桑比克《自由工业区海关管理条例》，在莫桑比克设立自由工业区的条件之一为雇佣至少 500 名莫桑比克雇员，且每个在自由工业区经营的企业雇佣不少于 20 名莫桑比克雇员。烟草、酒类及其副产品的加工，只有在其最终产品中所含原材料至少有 50% 本国原材料时，才能被同意进入自由工业区。金、银、宝石、皮革、武器、军需品、烟花和爆炸品，只有在其最终产品中所含原材料不少于 25% 的本国原材料时，才会被准许进入工业区。①

莫桑比克《大型项目法》对特许合同的签订实施、公私合营企业监管、大型项目及商业特许进行了规制，明确了开展项目应满足的本土化要求及其标准。该法规定，每个项目均须达到一定的本土成分要求，具体的要求需要考虑项目所涉资源的数量、质量及机会成本，项目各方在不同阶段承担的责任限度，各方面临的客观的项目风险，国家经济竞争力及有利商业环境的维护，为当前及未来世代留存利益的需要等。该法将本土成分规则带来的利益

① 中华人民共和国商务部：《对外投资合作国别（地区）指南 莫桑比克（2021 年版）》，第 39 页。

分成了两类：一是经济利益；二是社会经济效益。经济利益须表现在政府与项目开发方所签订的合同中，如“预留股权”条款，即保留一定份额的企业股本或合资企业资本在证券市场销售，以优先提高莫桑比克个人在商业市场中的经济参与；莫桑比克公共或私人实体参与企业资本的机会；为国际收支创造积极的汇率效应；税收的产生及对公共财政的积极贡献；利润、红利的产生与分配等。在自然资源开采特许合同中，还应包括特许费及经营转让费。除了明确规定的经济利益外，还有由投资者自担成本提供的社会经济效益，包括建立、修缮与企业相关的生产或服务基础设施，为莫桑比克员工提供职业培训项目，向莫桑比克转让技术和专业知识，通过建立商业和科技联系，推动当地中小型企业的发展，在当地社区开展可持续的项目等。

二、莫桑比克本土化立法实施面临的挑战及应对

根据一些学者的研究，在非洲要成功实施本土化需要具备下列条件：制定合适的政策，完善立法和监管框架，设立有力的本土化实施机构，投资本土人力资源、加强当地能力建设，长远规划、实现可持续发展，根据本地实际情况、不能操之过急，加强政府部门和利益相关者的沟通协调，实现信息共享、提高透明度，等等。① 随着推动本土化发展成为莫桑比克首要的发展议题，政府和当地企业从业人员逐渐意识到，阻碍莫桑比克本土化发展最为严重的两大因素在于法律规定的不完善及本土能力的不足。

（一）法律规定不完善

莫桑比克现行的本土化法律是分散的，存在诸多模糊性，对“本土成分”的定义、基本指导原则和其他法律术语未进行明确，规定常以笼统的法律原则表现，针对不遵守规则的行为没有惩罚机制，也缺乏衡量、监测机制，不足以有效执行本土成分的要求。在实践中，很多特许合同通常也未对加诸投资者的本土化义务进行详细约定，以至于本土化义务的履行完全取决于投资者信誉。关于如何推进莫桑比克本土化，在莫桑比克曾存在三种不同观点。第一种观点认为保持现状，放任不管；第二种观点认为应该制定与《矿业法》《石油法》等配套的本土化立法；第三种观点认为应该建立统一的本土成分法律框架。其中第三种观点是莫桑比克的主流观点。莫桑比克近

① 朱伟东：《非洲本土化立法的发展趋势及应对措施》，《学术探索》2022 年第 7 期。

年来一直在考虑制定专门的本土化立法，并且在2019年就提出了一部本土化法律草案。这几年通过莫桑比克各界对这部法律草案的讨论，涌现了许多完善本土化立法的建议。

确定本土化立法的基本原则。定义清晰的指导原则是解释现行规则的关键，本土化立法应关注本土化的目标及手段，因此应将促进当地生产要素的利用、提高各行业公司中的本土资本参与、推动本土公司与外国公司合作、鼓励科技与知识向本国转让、吸引外资涌入、保证交易透明、打击腐败作为本土化立法的基本原则。

界定“本土成分”的含义。当前实施的本土化规则未对“本土成分”进行定义。“本土成分”可定义为“用于生产商品或提供服务的当地生产要素的比例，以及莫桑比克公民在公司中的股权参与”。基于这一定义，草案提出了“本土成分商品”为含有至少10%本土成分的商品（这一比例通过特定公式得出）。莫桑比克议会对这一界定进行了广泛的讨论。有人提议取消10%的最小百分比，建议由莫桑比克政府针对具体不同部门设定不同百分比，以充分考虑特殊部门的相关因素，如不同部门的发展水平，莫桑比克和国际经济现状，不同部门的物流情况等。草案将“本土成分服务”定义为由莫桑比克公民或依据莫桑比克法律建立，在莫桑比克境内经营的法律实体所提供的服务。莫桑比克的本土化立法以巴西的本土化立法作为重要参考，巴西选择使用领土标准而非国籍标准来定义“本土”，因此有人提议本部分取消国籍标准，只保留“在莫桑比克经营的公司”这一要求。

细化“当地参与”的要求。虽然莫桑比克现行法律中已有当地参与条款，但除强制油气公司、矿产公司在莫桑比克证券市场注册及规定了创造就业机会的一般性原则之外，并未规定私有部门的有效参与。因此必须对“当地参与”进行细化。在草案中，“当地参与”是指“认购以下实体15%的股本：（1）根据莫桑比克法律由外国主体与莫桑比克公民或实体通过合资公司形式创建的企业；（2）由莫桑比克公民或法律实体与特许经营商承包的公司创建的合资企业”。满足当地参与的最低股本不得向外国个人或公司转让。有人提议取消当地参与的最低百分比，并将认购对象公司改为“在莫桑比克经营且目的为实施特许合同的公司制定本土化计算公式”。莫桑比克当前法律框架没有规定一种方式以精确衡量和认证本土成分产品，而计算方式对于国家本土化的发展和监测极其重要。考虑到这一法律缺失，法律草案设置了以下本土化计算公式：$LC = (1 - CI/PV) * 100$。其中，LC 代表本土成分的值，PV 代表产值，CI 代表进口要素的值（如进口原材料和外国工人的工资等）。可在每个经济部门设定 7～10 年范围内动态的最小百分比，但是这一公式并不适用于所有经济部门，有些经济部门的本土化计算可能更为复杂。

确定本土化实施的监控和认证标准。莫桑比克当前法律框架未规定相应的机制来认证本土成分产品、监测本土化规则的实施，法律草案拟通过一个由内阁会议成立的公共机构来履行这一职能。该机构同时须负责维护已认证的莫桑比克供应商信息数据库。有意见建议在这一问题上采取更为灵活、宽泛的态度，应允许政府根据各部门具体情况将本土化实施的监测职能移交给其他公共机构，尤其是那些要求高水平科技知识的经济部门。此外，包含本土成分的商品和服务也需要接受公共机构的认证。自然人或公司须通过提交相关证明文件来证明其“当地供应商”的身份，公共机构则负责依据政府设置的标准和程序确定本土成分的百分比。

此外，很多建议还就如何实施当地购买时应履行的程序性要求，如何限制外国商品和服务的进口以提高当地商品和服务的购买量，在莫桑比克经营的公司如何制作和实施本土成分计划和报告，以及如何制定有效的责任机制以确保本土化法律规定得到遵守等提出了非常详细、具体和可行的方法。考虑到本土化法律草案的通过对莫桑比克矿业和能源领域的发展，乃至整个国家实现经济多样化、提高人民福利水平具有重要意义，莫桑比克政府对本土化法律草案采取了非常慎重的态度。一些在莫桑比克经营的大型跨国公司由于担心本土化法律草案的通过会影响其经营活动，也通过游说活动阻挠本土化法律草案的通过。这就造成莫桑比克本土化法律草案自 2019 年提出后，一直未能成为正式法律。

除本土化法律草案外，莫桑比克政府还在评估设立本土化小组的可能性。本土化小组计划设于政府内部，同政府部门一起或代表政府部门参与同领头跨国公司的持续性对话，以达成一种可行的、有效的当地公司参与的模式。考虑到本土化规则实施的困难，本土化规则容易被规避，且可能对那些对本国工业能力发展贡献不大的活动产生偏见，“本土化小组”的设立有助于解决这些问题。相关研究也显示，如果这一机构顺利设立，将有助于提高莫桑比克公司的能力、产出质量。

(二) 本土能力不足

为了充分实现工业发展的目标、保证长期可持续发展，本土化的设定与实施是有必要的，但前提是同充分的能力建设措施相结合。只有这样，多部门的发展才能转化为社会经济的发展。基础设施的不足是阻碍偏远地区矿产、油气行业发展的关键瓶颈之一，为建设部门和其他相关服务提供了大量机会。然而，莫桑比克本土供应商存在不同程度的效率低下问题，导致其参与矿产油气行业的机会受到限制。莫桑比克国家油气公司的本土化负责人指出，油气行业在莫桑比克还属于新兴行业，本土公司的发展没有经验可循，难以达到油气行业所要求的国际标准和质量。本土供应商发展面临诸多挑战。首先，私营部门力量薄弱、制造能力基础差。大公司很难找到有能力大批量提供满足质量标准的商品或服务的本土公司，产品和服务交货时间太长。其次，莫桑比克技术能力薄弱。多年内战消耗了该国大量人力，严重影响了教育系统，劳动力培训严重不足。莫桑比克成年人口的教育水平是世界上最低国家之一，人均接受正式教育年限仅 1.2 年。劳动力技能水平低成为雇主雇佣本土劳动者的主要障碍。大多数本土公司面临技术难题，难以与资本密集型、科技先进的公司合作。最后，莫桑比克当地中小企业面临的另一个巨大难题是融资难，由于缺乏抵押品和负担高利率的能力，许多当地企业被排除在融资体系之外。

针对上述问题，许多在莫桑比克经营的公司曾发起一些供应商发展项目、公私合营倡议与支持性政策，其中一些取得了不同程度的成功。例如，在矿业领域，早在 2002 年，莫桑比克的莫扎尔（Mozal）铝冶炼工厂就启动了一个本土化项目，以加强当地企业能力，使小型企业能够在加工的不同阶段参与竞标。莫扎尔开展的本土化项目囊括了许多支持性政策，如将大订单分解，让当地中小型企业有机会参与；向选定的中小企业提供培训、融资途径等。很多人将该项目视为助力商业联系、创造就业和推动本土化供应的标杆项目。不过，许多批评人士也指出，该项目事实上并未创造许多商业联系，尤其是比起投资额，本土化项目的数额根本不值一提。继莫扎尔之后，巴西淡水河谷公司和力拓公司也在莫桑比克提出了相似的倡议，但效果不明显。莫桑比克力拓公司在太特区域发起了一项商业联系活动，开展了一系列支持性活动。该公司筹划了向中小企业提供机会的三个领域：矿业核心业务领域；与矿产活动相关的非核心业务，如提供餐饮等；其他聚焦基础建设和能源的潜在业务，同时划定了优先支持的地理区域，按优先性排列分别是：

重新安置的社区、太特/贝拉地区、赞比西走廊区域、莫桑比克全国。随后该公司对这些优先区域的企业进行了评估，以确定能够在竞争基础上提供商品的潜在供应商。然而这一项目随着2014年力拓公司将其资产转让给印度国际煤炭投资私人有限公司而终止。

在油气领域，近年来也有许多旨在推动当地能力建设的项目得以开展。如南非沙索公司（Sasol）与莫桑比克政府合作开展的当地能力建设、劳动力培训项目以及莫桑比克国家石油公司计划的Linkar项目等。南非石化巨头沙索公司长期在莫桑比克开展油气项目，它通过与莫桑比克政府建立合作关系，聚焦于为当地居民创造就业机会。2017年，沙索承诺通过一项综合性的助学金、工匠和学习计划为莫桑比克劳动力培训和发展作出贡献。沙索还通过建立伊尼亚索罗培训中心以及与莫桑比克蒙德拉内大学合作开发石油行业下游硕士课程，为莫桑比克劳动者提供具有国际水准的技术培训。沙索公司还启动了一项实习计划，为受训人员提供石油天然气设施的相关实践工作经验。这些劳动力培训项目的开展推进了沙索公司对莫桑比克本土劳动力的雇佣：沙索公司超过93%的雇员是莫桑比克国民，中央处理厂的绝大部分管理人员是莫桑比克本国国民。自2009年以来，沙索公司一直保证其低技能岗位百分之百由莫桑比克人担任，中等技能和高技能/专业岗位上的莫桑比克本国国民也几乎完全取代了外国人。

莫桑比克国家石油公司发起的Linkar项目，全称为“在莫桑比克油气部门创建可持续的中小企业供应链”，目前仍在筹备阶段，已经得到了非洲开发银行、非洲妇女平权融资行动等机构的资金保证。该项目旨在激励本土公司发展，连通本土公司、服务供应商、金融机构和经营商。该项目的具体目标又可分解成以下几项：在油气价值链中为中小企业创造至少120个新就业岗位；确定125个合适的中小企业合作机会，包括25个合伙或合资机会，总额为1200万美元；支持30家中小企业在油气价值链中获得300万美元的合同；帮助30家中小企业从金融机构获得300万美元的融资；为至少150家中小企业提供技术支援和深入咨询服务，使75家中小企业达到所需竞争力水平；建立中小企业竞争力框架，确定能力要求。该项目由5部分组成，包括项目管理、对国家石油公司的机构性支持、机会聚焦环节、中小企业竞争力环节、合同联系环节。项目管理主要包括支持聘请外部项目经理、开展非洲开发银行要求独立评估与审计活动及项目实施所需的其他活动；对国家石油公司的机构性支持旨在提高国家石油公司的能力，为公司发展提供战略方向和运营指导，以成功实施 Linkar 计划；机会聚焦环节旨在提供有效的供需诊断、利益协调，以确定中小企业合作伙伴关系与合同机会；中小企业竞争力环节则优先支持中小企业在制造业、建造业等行业的发展，提高中小企业竞争力与创新力，为其提供指导、技术咨询与融资渠道；合同联系环节聚焦于推动商业间联系，助力中小企业与合同的匹配，支持中小企业掌握采购与招投标流程性知识。这一计划将持续数年，预计花费 5900 万美元以支持超过 350 家本土公司，目标行业是餐饮、交通、工程、住宿、物流与农用工业。

三、结论

莫桑比克具有丰富的矿业和能源资源。为克服资源魔咒现象，使自然资源更好服务国家经济发展，提高人民生活水平，莫桑比克通过分散式立法形式，在《矿业法》《石油法》《大型项目法》等单行立法或其实施条例中规定了本土化措施。这些立法规定存在缺乏具体原则、规定过于含糊、适用范围受限等问题，影响了莫桑比克本土化进程。对此，莫桑比克主流观点认为，应该制定单一的本土化立法，对本土化事项作出规定。莫桑比克在 2019 年就提出了本土化法律草案。围绕本土化法律草案进行的讨论已持续多年，并提出了很多针对该草案的具体的完善建议。由于专门的本土化立法涉及各方利益的协调、不同目标的权衡等，该草案至今尚未成为正式法律。不过，考虑到制定专门的本土化立法在非洲已成为一种趋势，可以预见的是，莫桑比克通过专门的本土化法律只是时间问题。莫桑比克新的本土化立法将在吸收相关立法建议的基础上，克服现有法律框架的不足，更好地服务于本土化发展目标。当然，这会对包括我国在内的外国投资者提出更为复杂严格的本土化要求。只有严格遵守本土化法律规定，真正做到本土化经营，投资项目才能在东道国获得长期良好发展。但如前文所述，阻碍莫桑比克本土化发展的因素不仅在于法律规定的缺失，也在于本土能力的不足。基础设施薄弱、制造能力差将在很长一段时间内成为莫桑比克本土化法律实施的掣肘。因此，外国投资者可通过了解当地供应链情况、识别供应鸿沟，把握机会与当地供应商合作。事实上，莫桑比克多个部门的蓬勃发展为国际公司利用项目加强能力建设提供了独特的机遇。首先，通过重新向当地社区注入知识与技能，国际公司可以极大地丰富可利用的资源。其次，政府实施的本土化政策有助于加强地区联络。当前本土化规则要求国际公司与当地公司联合，同当地劳动力的融合与合作可以加强整个价值链的合作。这样，通过本土化经营，外国投资者不但遵守了莫桑比克的本土化法律规定，而且也促进了自身的良性发展。因此，本土化规则的实施对外国投资者来说不仅是挑战，而且为它与当地公司联合、扩张地区网络提供了绝佳机会。

我国企业进军非洲市场：机遇、风险及挑战

李伯军*

摘要： 自20世纪90年代以来，为了扩大中非之间的经贸往来，我国政府先后实施和启动了走出去政策以及“一带一路”倡议，而非洲联盟先后也制定并启动了《2063年议程》以及非洲大陆自贸区，中非双边也陆续推动实施了“中非合作论坛”对话机制、中非十大合作计划、构建中非命运共同体倡议等。正是在上述各项中非经贸投资战略及政策的不断加持下，我国企业进军非洲大陆市场经历了一个从无到有、从小到大以及从弱到强的成长过程，并面临诸多难得的市场发展机遇。然而，与此同时，我国企业在进军非在大陆市场的过程中也面临诸多潜在或现实的风险和挑战。因此，对于我国企业而言，为了站稳、扎根和全面经略非洲市场，如何有效应对和化解各类风险和挑战就变得至关重要。

关键词： 我国企业；机遇；风险；挑战

引言

自新冠疫情暴发以来，在海外的中资企业的生存和发展环境受到较大的冲击、制约和影响，特别是后疫情时代美国对中国实施所谓的“脱钩战略”及其对海外中资企业的持续打压，更加凸显了非洲大陆市场对于当下我国企业持续发展和壮大的现实意义。在这种大的背景下，及时梳理、分析和探讨我国企业在进军非洲大陆市场过程中所面临的诸多机遇、风险和挑战就显得很有必要。

---

* 李伯军，湘潭大学特聘教授、湘潭大学中非经贸法律研究院研究员；广西师范大学法学院教授、博士生导师。

一、我国企业进军非洲市场所面临的发展机遇

从时间上来看，相对于欧美国家的企业，我国企业进军非洲大陆市场起步较晚。所幸的是，虽然起步较晚，但因得益于非洲市场本身的巨大潜力以及非洲区域经济一体化过程中各国营商环境的不断优化，加之中非政府间在政治层面构筑起了长期的友好合作关系，从目前来看，我国企业进军非洲大陆市场依旧面临前所未有的发展机遇。

（一）非洲大陆市场的发展前景非常广阔

首先，非洲大陆是世界七大洲中面积第二大的洲，自然资源非常丰富，动植物资源种类和数量繁多，石油和天然气蕴含量大，特别是各类矿产资源种类繁多，且储存量大，诸如南非和纳米比亚的钻石、赞比亚和刚果（金）的铜矿、南非和加纳的黄金、刚果金和博茨瓦纳的金刚石、几内亚的铝矿等诸多矿物的蕴含量在全世界居于前列。我国作为一个能源消费大国，矿产资源开发与进口的缺口一直很大，非洲大陆丰富的矿产资源无疑给我国众多经营矿产资源开发的国有企业和中小企业提供了巨大的商机。

其次，非洲大陆也是全世界主权国家数量最多和最集中的大陆，达到了54个，拥有超过12亿的庞大人口规模，消费潜力巨大。据统计，近年来，非洲大陆家庭消费增长速度已经超过非洲整体国内生产总值（GDP）增速。从2010年以来，非洲大陆的消费者支出连续十年以5%左右的年增长率增长。① 无疑，非洲大陆市场消费潜力巨大给中国企业进军非洲市场也带来了巨大的商机。

最后，随着非洲大陆区域经济一体化进程加快，非洲大陆市场的营商环境也在不断得到优化。为了可持续发展和实现非洲繁荣，2015年第24届非洲联盟首脑峰会上通过的《2063年议程》（The African Unions Agenda 2063）作为非洲未来50年发展的远景规范，提出到2063年非洲要达到的7个愿景及20个具体目标。《2063年议程》确定了非洲发展的核心框架，包括非洲农业综合发展计划、非洲基础设施发展计划、非洲矿业愿景、非洲科技创新战略、非洲内部增长计划、非洲工业化发展加速计划等。特别值得一提的是，该议程还将建立“非洲大陆自贸区（The African Continental Free Trade

---

① 《报告：非洲消费市场“苏醒”，未来5年非洲消费者支出速率超8%》，第一财经网，2023年5月20日访问。

Area，AfCFTA）[①] 作为其所确定的旗舰项目之一。非洲大陆自贸区自2021年1月1日正式启动以来的两年多时间里，在非盟的大力推动下，加入《非洲大陆自贸区协定》（African Continental Free Trade Area Agreement）的非洲国家已经达到53个，只有厄立特里亚仍然没有加入协议。另外，批准该协定的非盟国家数量有所增加，已经达到了40个，反映了非盟各成员国对实施该协定的强烈政治意愿，这将意味着一个覆盖54个国家、12亿人口、拥有3万亿美元GDP的非洲大陆单一市场将呈现在世人面前。[②] 具体而言，为了履行非洲大陆自贸区下的各项协定，各个成员国势必将推出各项经贸投资的优惠政策以吸引各国投资者，届时，非洲大陆自贸区通过降低成员国之间的关税和消除贸易壁垒，实现非洲大陆自贸区各个成员国在商品、服务、资金和人员在域内的自由流动，以最终促进非洲大陆区域内贸易和投资的快速发展，从而为我国诸多企业提供了前所未有的经贸投资机遇。

（二）中非经贸投资双边合作的空间巨大

自新中国成立到中国实施改革开放之前这个时期，中非之间主要以政治合作和中国对非经济援助为主，中非双边经贸投资合作还很落后。例如，在中非双边贸易领域，据统计，1950年，中非双边贸易额仅为1214万美元，1960年达到1亿美元，1980年超过10亿美元。[③] 另外，中国对非投资活动也非常稀少，其中的一些零星投资项目也是以“政府援助项目”的方式开

---

① 事实上，早在2015年6月15日，第25届非盟首脑峰会就正式启动了有关《非洲大陆自贸区协定》（African Continental Free Trade Area Agreement）的谈判。经过短短三年时间的快速推进和谈判，2018年3月21日，在卢旺达首都基加利举行的非盟非洲大陆自贸区特别峰会最终通过了《非洲大陆自贸区协定》，44个非洲国家签署了该协定。该协定依据其第23条的规定将于第22份批准书交存后30天生效。据此，2019年4月29日，非盟第22份批准文书交存非盟委员会，在此30天后的5月30日，非盟宣布《非洲大陆自贸区协定》正式生效。2019年7月7日，在尼日尔首都尼亚美召开的第12届非盟特别峰会正式宣布“非洲大陆自贸区”（The African Continental Free Trade Area，AfCFTA）成立，除厄立特里亚外的所有其他54个非盟成员都签署了自贸区协定，目前已有30个国家批准了该协定。非盟原计划于2020年7月1日实施该协定，但因新冠肺炎疫情而最终推迟到2021年1月1日而得以正式启动。

② 李伯军：《非盟与非洲大陆自贸区的发展》，《中国投资》2022年7月号第13、14期合刊。

③ 中华人民共和国国务院新闻办公室：《中国与非洲的经贸合作》（全文），2010年12月，http://www.scio.gov.cn/ztk/dtzt/46/12/Document/835919/835919_1.htm，2023年1月15日访问。

展的。据统计，自1956年至1977年，中国向36个非洲国家提供了超过24.76亿美元的经济援助，占中国对外援助总额（42.76亿美元）的58%。其中，1956—1969年对非援助额占援外总额的43.5%。20世纪70年代初，中国对非洲国家的援助占对外援助的比重大幅上涨，占整个对外援助的2/3，其中最高年份的1974年占中国对外援助的85%。① 例如，著名的“坦赞铁路”就是中国政府对非援建项目的一个典范。该对非援建项目自1970年开工，1975年建成，并移交给坦桑尼亚和赞比亚联合运营。② 另外，中国和坦桑尼亚于1967年6月22日还合作成立了“中坦联合海运公司”，这是当时中国和坦桑尼亚双方的第一家合资企业，该公司成立以来为中坦两国的远洋运输作出了重要贡献。③ 就此而言，中国企业开展针对非洲大陆的经贸投资活动主要还是自20世纪70年代末、20世纪80年代初中国政府实施改革开放政策才开始的。有学者就指出，自十一届三中全会确立“改革开放”战略之后，为了巩固和扩大以往的对非援助成果，从20世纪80年代初开始，中国政府加大了对企业“进军非洲”的政策护持力度，一改与非洲国家单一的贸易往来和经济援助方式，从小额承包工程项目入手，在非洲国家开展了包括兴办合资、独资企业在内的多种形式的互利合作。经营方式也由“交钥匙”援建，转向合资经营，共同管理。④

特别是自20世纪90年代以来，随着中国“走出去”战略、“中非合作论坛”以及“一带一路”倡议的实施和启动，中非双边贸易额增长迅速，中国对非投资规模也逐步扩大，进入非洲大陆市场开展经贸投资活动的中国

---

① 李新烽：《百年中国共产党与非洲革命和建设》，《马克思主义研究》2021年第3期。

② 1967年9月5日，中国、坦桑尼亚、赞比亚三国政府在北京签订了“关于修建坦桑尼亚—赞比亚铁路的协定”。中国铁建中土集团（原铁道部援外办公室）承建。自1976年坦赞铁路建成移交以来，中、坦、赞三国政府在坦赞铁路项目上一直进行着技术合作。40多年来，我国政府已向坦赞铁路援助提供了15期经援项目，用来支持和帮助坦赞铁路的经营和发展。40多年来，中国铁建共派出专家约3000人次，完成了15期技术合作。参见《坦赞铁路，丰碑见证——中国企业“走出去”先河》，资料来源于：https：//www.crcc.cn/art/2018/8/24/art_30127_2477361.html，2023年1月18日访问。

③ 关于这方面的研究可参见［美］于子桥：《坦桑尼亚—赞比亚铁路：中国对非经济援助个案研究》，沈埔娜译，北京大学出版社2000年版。

④ 刘乃亚：《中国对非洲投资格局的形成———中国对非洲投资50年回顾》，《商洛学院学报》2008年第1期。

企业日渐增多，所投资的领域也开始不断拓宽。首先，从中非双边贸易来看，据统计，2010 年 1 月至 11 月，中非贸易额达 1148.1 亿美元，同比增长 43.5%。[①] 另外，中国海关公布的数据显示，2021 年中非贸易额达到 2542.89 亿美元，同比增长 35.3%，创双边贸易额历史新高，约占中国外贸总额的 4%。[②] 总之，中非虽然发展程度不同，但双方经贸合作互补性很强。随着中国出现在非洲市场上，这块黑色大陆有了跟中国交易的机会，使得自由竞争和选择适合自己利益的商品成为可能。经济、贸易和自然资源开发是推动中国与非洲合作关系的主要因素。中非合作很成功与中国合作的承诺将给非洲国家带来新的前景，合作的承诺基本上在中非高峰会议上予以形成、安排和组织。其次，就中国对非投资的增速来看，截至 1998 年，中国累积在非洲设立企业 381 家，协议投资总额 6.13 亿美元，其中，中方协议投资额 3.68 亿美元，占中国当时境外投资总额（63.3 亿）的 6%。[③] 然而，自 2009 年以来，中国对非直接投资快速增加。至 2014 年底，中国对非直接投资存量已达 324 亿美元，是中非合作论坛启动时的 60 倍。投资涉及 50 多个国家，涵盖能矿资源开发、制造业、服务业等多个领域。[④] 而到了 2021 年，当年度中国流向非洲的投资为 49.9 亿美元，比上年增长 18%，占当年对外直接投资流量的 2.8%，投资主要流向刚果（金）、赞比亚、几内亚、南非、肯尼亚、尼日尔、毛里求斯、尼日利亚、埃及、阿尔及利亚、刚果（布）等国家。[⑤] 事实上，相对于中非双边贸易额的增幅，整体而言，中国对非投资的绝对直接投资存量总额还不是很大，还有很大的发展空间。而且，与对非贸易产生的效应不同的是，投资非洲大陆市场对于我国资本输出而言意义更

---

① 中华人民共和国国务院新闻办公室：《中国与非洲的经贸合作》白皮书（全文），2010 年 12 月，资料来源于：http：//www.scio.gov.cn/ztk/dtzt/46/12/Document/835919/835919_ 1.htm，2023 年 1 月 15 日访问。

② 商务部网：《2021 年中非贸易创历史新高》，资料来源于：http：//africanunion.mofcom.gov.cn/article/jmxw/202202/20220203281601.shtml，2023 年 1 月 8 日访问。

③ 刘乃亚：《中国对非洲投资格局的形成———中国对非洲投资 50 年回顾》，《商洛学院学报》2008 年第 1 期。

④ 新华网：《背景资料："数"说中非经贸合作五大特点》，资料来源于：http：//www.xinhuanet.com//world/2015 - 12/04/c_ 1117363082.htm，2023 年 1 月 8 日访问。

⑤ 中华人民共和国商务部、国家统计局、国家外汇管理局：《2021 年度中国对外直接投资统计公报》，资料来源于：http：//images.mofcom.gov.cn/fec/202211/20221118091910924.pdf，2023 年 1 月 11 日访问。

为明显，因为我国企业在海外投资不但可以有效规避有关西方国家构筑的对外贸易保护主义的壁垒，确保自身海外原材料及供应链的可持续性和稳定性，而且还可以减少对欧美发达市场的依赖。我们通过对非投资可将过剩产能转移至非洲大陆市场，优化我国自身经济的产业结构以及促进我国产业的提质升级。在这方面，一个突出的变化是中国民营企业在开展对非经贸投资活动过程中的角色日趋活跃。另外，中国企业走进非洲，国企更倾向于在建筑业、采矿业等基础建设领域和能源领域大显身手；民企则主要投资于制造业和服务业，并且逐渐成为开拓这片市场的主力军。①

二、我国企业进军非洲市场所面临的诸多风险

虽然我国企业进军非洲市场面临巨大的发展机遇，但与此同时也面临诸多潜在的风险。众所周知，相对于西方发达国家的跨国企业，我国在非洲大陆经营的中资企业起步较晚，其在开拓市场能力、跨国经营能力、抵御风险能力以及自我管理能力等各个方面都和前者有较大的差距。对于在非中资企业而言，为了达成其经营和战略目标，其所面临的风险实际是泛指其在企业经营和企业管理的过程中所可能面临的基于成本和收益以及企业的生存和发展等方面存在的诸多不确定性以及可能发生的有关危险等。所以，对于在非中资企业而言，只要其经营活动跨越国境，各类企业风险就会接踵而来。2006年6月6日，中国国务院国有资产监督管理委员会以通知的形式，印发了《中央企业全面风险管理指引》（国资发改革〔2006〕108号），该文件对企业风险的定义是："未来的不确定性对企业实现其经营目标的影响。"这一宽泛的定义实际很好地诠释了企业在走出国门投身非洲市场的过程中将不可避免地面临各种已知和未知的潜在风险，具体可包括市场风险、产品风险、投资风险、经营风险、环保风险、战略风险、决策风险、法律风险、合规风险、外汇风险、财务风险、人事风险、并购风险、体制风险、灾害风险、政策风险、公共危机、内乱风险、腐败风险、暴恐风险、外交风险等。当然，如此众多的企业风险难免令人眼花缭乱。实际上，我们完全可以采用简单的两分法来概括在非中资企业所面临的众多风险。如果以在非中资企业所面临的所有风险中最大，也最难控制的政治风险为基准的话，那么，我们

---

① 黄利飞：《非洲制造，中国民企如何乘势飞扬》，《湖南日报》2019年6月29日，第4版。

可将在非中资企业所可能面临的风险大体上划分为政治风险和非政治风险。

（一）政治风险

一般而言，所谓政治风险是指投资东道国国内政治环境发生变化，国内发生政治事件而导致政局不稳定，由此所产生的对该国国内投资企业所带来经济损失的可能性风险。从类别上说，政治风险可能包括国家内乱风险、国家干预风险、政策变动风险、党派纷争风险、外国干涉风险、政府腐败风险、民族排外风险、治安恶化风险、暴恐袭击风险等。另外，政治风险在不同国家和地区的具体表现形式也存在一定的差异。例如，在发达国家，对于企业而言，所谓的政治风险可能主要表现为东道国基于国家安全等政治因素对来自外国企业的投资行为所做的各种禁止或限制所带来的风险，而在发展中国家，所谓的政治风险则主要表现为政局动荡或内部骚乱或内部战乱等。从外资企业的角度而言，其在东道国面临的具体的政治风险主要包括国有化征收险、禁汇兑险、战争内乱险、政府违约险等。而且，这些政治风险都会直接影响到投资对象国法律制度的稳定性和可预见性，继而对中企投资活动产生重要影响。如果这些政治风险事件进一步发展，那么，很可能将会引发大量的法律风险事件，最终影响到我国企业海外投资目标的实现。

众所周知，我国企业在非洲大陆面临的最直接、最大的风险主要就是政治风险。相对于那些分布在非洲低风险地区和市场的西方发达国家的企业而言，大部分在非中资企业都是“后来者”，不得不在那些高风险的非洲国家进行市场开拓和投资，诸如索马里、安哥拉、莫桑比克、刚果（金）、埃塞俄比亚、苏丹、利比里亚、乌干达、卢旺达、布隆迪等。非洲国家经常因为政局不稳、部族冲突、宗教纷争、资源争夺、领土纷争而爆发内乱甚或战争，这些都给在非中资企业带来了巨大的政治风险。由于这些政治风险属于不可抗力，加之许多中资企业在非洲大陆所投资的行业主要属于周期长、风险大的基础设施和能源开发领域，往往很难控制和避免政治风险，因而会遭受巨大损失。

例如，2011 年爆发的利比亚战争导致当时大批中资企业和中方工程项目不得不停产停工和撤出，损失巨大。2011 年 3 月 22 日，中国商务部新闻发言人姚坚在答记者问时指出，利比亚政局的动荡确实对中资企业造成了相当大的影响。根据我们掌握的材料，目前中国在利比亚承包的大型项目一共有 50 个，涉及合同的金额是 188 亿美元。应当说，政局动荡，大部分中资企业人员撤出之后，对于项目的进展，对于中资企业的经营状况确实造成了相当大的影响。① 另外，2011 年 3 月 25 日，利比亚撒哈拉银行已向部分中资企业发出“预付款保函索赔函”，对每家企业的索赔额度均达数亿元。如果再加上中资企业因战争停工、停产带来的预期收益损失、固定资产损失以及撤出人员安置费的支付等，中资企业在利比亚的损失应该是远超其合同金额。

政治风险在所有风险里面是最不可确定、最不可预测和最不可控制的，仅仅依靠在非中资企业自身的力量显然无法有效应对这一类风险，这就需要中非之间就提供有关前期预警、介入和提供事后救济的国际法律保障机制问题开展双边合作。

（二）非政治风险

相对于政治风险，非政治风险是指不是源自东道国政治因素的、投资者（企业）大体可控的风险，主要包括有商业风险和法律风险等。

1. 商业风险

所谓商业风险是指与企业经营、管理、决策等有关的风险，如企业经营不善的风险、商业决策失误的风险、技术研发失败的风险、交易对手违约的风险等。这些风险与企业的经营水平和管理能力等密切相关，属于商业运作的范畴。② 因此，企业通常面临的日常风险主要集中在商业风险领域，主要包括市场风险、经营风险、汇率风险、产品风险、环保风险等。如果说政治风险和法律风险是属于企业面临的最大外部风险的话，那么，各类商业风险无疑就是指企业自身存在的各种内部风险。相比西方发达国家市场，非洲大陆市场虽然商机无限，但存在的诸多风险显得更为复杂和多样。非洲大陆国家数量最集中，各个国家在政治体制、法治水平、经济水平、气候变化、文化习俗、风土人情、环保意识、部族差异、饮食习惯、思维习惯、宗教习惯、语言差异、自然资源等各个方面非常迥异。在踏入非洲大陆之前，许多中资企业并没有充分意识到非洲大陆在政治环境、自然环境、人文环境和社会环境等方面的复杂性和多样性，既没有充分做足市场调研工作，也没有因地制宜制定商业经营规划，从而导致其商业经营活动的最终失败或受挫。例

① 中国国务院新闻办公室门户网：《商务部例行新闻发布会（2011 年 3 月 22 日）》，资料来源于：http：//www. scio. gov. cn/photo/8/Document/879332/879332. htm，2023 年 1 月 28 日访问。

② 廖凡：《企业走向“一带一路”中的风险应对》，《经济参考报》2016 年 6 月 22 日，第 A06 版。

如，就汇率风险来看，由于非洲各个国家经济发展水平不同，相应的货币汇率、外管制度存在较大差异。一些经济相对落后的国家甚至存在汇率贬值并在短期内大幅波动的情况，这给中资企业在非洲开展投资带来巨大的挑战，要求其具有较高的汇率风险识别和应对能力。在外汇管制上，一些非洲国家也十分严格，比如在埃塞俄比亚和安哥拉等外汇相对稀缺的非洲国家，企业向政府申请换汇，审批和排队流程一般需要 1 个月以上，外汇紧缺导致企业换汇困难，一定程度上影响了企业的原材料采购、生产、销售等进程，制约了中国企业在非洲的营商活动。① 还有，2016 年，由中国工商银行提供贷款（2015 年）、中国电建国际参与工程建设的“肯尼亚燃煤厂项目业主阿姆电力有限公司”和“肯尼亚国家环境管理局”被肯尼亚非营利组织卡迪巴协会（Katiba Institute）告上法庭，自此诉讼未断。2019 年 6 月 26 日，肯尼亚国家环境法庭（National Environmental Tribunal，NET）下令暂停项目，并撤销其环境影响评估许可。至此，这个位于肯尼亚拉穆（Lamu）地区的 1050MW 燃煤电厂建设项目已搁置，项目业主需要在 30 天内决定是否上诉，若不上诉则需要决定如何处置这个项目。② 再如，从企业经营的产品来看，个别中资企业在非洲当地销售或生产的产品往往不是物美价廉，而是假冒伪劣。还有，某些中资企业同行之间经常就其销售的产品进行相互压价而产生窝里斗的恶性竞争，或者所设计的产品不符合非洲当地人的消费习惯和文化习俗，甚至冒犯其传统的民族或宗教禁忌，从而严重损害了中国商人和投资者在非洲大陆的形象和信誉。例如，2014 年，南非职业道德研究所公布了一项针对在非中资企业的形象调查，参与调查者为来自 15 个非洲国家的常年与中国保持经济合作关系的经理人。报告分别就在非中资企业的声誉、产品和服务质量、社会和经济责任、对环保的重视以及雇佣状况进行了调查，结果显示，在非洲人眼中，当地的中资企业呈现全方位的明显负面形象：它们不仅声誉不好、产品服务质量差，还毫无社会责任感，工资不高，也不尊

① 环球印象投资分析中国事业部：《中国企业对非洲投资面临的挑战及对策建议》，资料来源于：http：//www. zcqtz. com/news/434315. html，2023 年 2 月 2 日访问。

② 谢雯雯：《中资参与肯尼亚首个煤电厂被当地法庭叫停》，资料来源于：http：//app. myzaker. com/news/article. php? pk =5d19f876b15ec010d7077405，2023 年 1 月 15 日访问。

重非洲员工。① 针对中资企业自身存在的问题，2021 年中非民间商会②发布的《中国企业投资非洲——市场力量与民营角色》报告中指出：中国企业大规模“走出去”历史不长，赴非洲投资更是起步较晚，对外投资和国际化经营经验欠缺，在过去 20 余年实践中，能力短板和不足主要体现在以下方面：一是对非投资缺乏长期规划，盲目性带来较高风险；二是中国企业之间缺乏协作，存在同质化竞争；三是海外经营经验和抗风险能力欠缺；四是跨文化交流沟通能力弱，很少与当地和西方国家的相关组织与社团开展合作，与社区交流沟通和融入不足；五是缺乏专业服务机构支持，金融、法律、商事、财税、人力资源、安保救援、公共事务等网络、机构与服务不足；六是民营企业尚未形成可持续的投融资模式与支持体系。③ 因此，在非的每一个中资企业都必须充分认识到，自身企业在非洲当地是否能塑造良好的社会形象，不但关乎自身在非洲市场的形象、利益和发展，而且关乎整个中资企业群体在非洲市场的整体形象和利益，更关乎中国在非洲大陆乃至全世界的良好国家形象。因此，大多数在非的中资企业在非洲市场形象不佳，这就从一个反面提醒我们拟进军非洲市场的企业以及正在非洲投资的中资企业：我们要努力改变以往过度依赖中非政府间搭建的官方合作平台和机制的

① 参见中国与全球化智库（CCG）与中国外文局对外传播研究中心特联合发布：《如何提升中国企业在非洲的形象?》资料来源于：http：//www. ccg. org. cn/wp－content/uploads/2016/08/% E5% A6% 82% E4% BD% 95% E6% 8F% 90% E5% 8D% 87% E4% B8% AD% E5% 9B% BD% E4% BC% 81% E4% B8% 9A% E5% 9C% A8% E9% 9D% 9E% E6% B4% B2% E7% 9A% 84% E5% BD% A2% E8% B1% A1% EF% BC% 9F. pdf，2023 年 1 月 18 日访问。

② 由联合国和中国政府共同发起成立的中非民间商会，目前专门服务于中国民营企业开展对非投资合作。中非民间商会是全国工商联的直属商会，目前拥有直属会员 650 家，联系对非业务与服务机构 2000 多家。截至 2018 年 8 月，会员业务覆盖 51 个非洲国家，在 38 个非洲国家投资 90.5 亿美元；聘用当地员工 10.5 万人，带动非洲 150 多万人就业；为 30 个非洲国家 1000 万个家庭超过 5000 万人提供了数字电视服务；为 22 个非洲国家超过 1 亿患者提供了青蒿素药品；为近 20 个非洲国家 3 亿人提供了卫生防疟蚊帐；为全非洲超过 3 亿人提供了 4 亿部手机。参见《民企进非洲，扬帆正当时——中国民营企业在非洲投资发展情况综述》，资料来源于：http：//www. acfic. org. cn/zzjg_327/nsjg/llb/llbgzhdzt/zfmylt/zfmylt_ hdzs/201809/t20180903_ 55783. html，2023 年 2 月 11 日访问。另外，其他相关的机构还包括有中国非洲经贸投资促进会等。

③ 中非民间商会：《中国企业投资非洲——市场力量与民营角色》，资料来源于：http：//enimg. cabc. org. cn/uploads/2021/11/09/1636429443. pdf，2023 年 2 月 22 日访问。

做法，企业自身要特别注重自身内功的修炼和自立自强，真正将企业自身的长远发展规划、社会责任担当和产品创新设计理念融入非洲当地社会民众的“心坎”里去，如此才能应对复杂多变的商业风险。

2. 法律风险

所谓法律风险是指海外投资不符合东道国相关法律要求或者违反其相关法律规定而无法顺利进行的各种风险。对于在非中资企业而言，非洲大陆的法律可以说是一个非常繁杂的存在，就像一座无法走出的迷宫。关于这个问题，我国非洲法专家洪永红教授曾经指出，非洲现行法律的外在表现形式十分驳杂。在非洲本土既有大陆法系的成文法，又有英美法系的判例法。还有非洲早已有之的习惯法、伊斯兰教法、宗教法和印度法等。非洲大陆长期受欧洲殖民者统治，非洲国家独立后，除废止了原宗主国关于殖民统治方面的法律外，其他则大都承继了原宗主国的法律。① 当然，就非洲有关经贸投资法律而言，基本上都是国家制定的法律，且受西方国家影响较深。例如，有学者就指出，较为常见的法律风险，首先是准入风险，即海外投资因为不符合东道国相关法律要求、无法通过东道国相关审查机制而不能进入东道国市场的风险。其次是合规风险，即中资企业进入东道国市场开始经营后，因违反东道国相关法律法规，特别是对于中国企业而言不甚熟悉的环境、劳工、人权等方面的法律法规，而受到处罚或制裁的风险。② 独立后，由于非洲大多数国家都曾经遭受西方国家的殖民统治并被强行移植了大量宗主国的法律，而大多数非洲国家在很大程度上由于都效仿了西方国家的法律体系，因而其现行国家法律至少在形式上是非常完备的。就此而言，有一个非常流行的说法是，非洲国家无论个体目前发展情况如何，由于相似的殖民地背景，其法律体系和法律环境有一定的共性。经过多年努力和反复，大部分非洲国家都建立了以宪法和宪政制度为基础的西方式法律体系，基本将司法与行政相分离，在一定程度上达到了司法独立的目标。③ 因此，从立法角度而言，我国企业对于非洲国家的法律要有一个正确的态度和认识。也就是，我们不

---

① 洪永红：《非洲法律现代化》，《西亚非洲》1998 年第 1 期。

② 廖凡：《企业走向“一带一路”中的风险应对》，《经济参考报》2016 年 6 月 22 日，第 A06 版。

③ 中国驻尼日利亚经商参处：《我企业对非“走出去”面临的困难、机遇和下一步工作建议》，资料来源于：http://nigeria.mofcom.gov.cn/article/ztdy/200804/20080405457062.shtml，2023 年 1 月 22 日访问。

能想当然地认为非洲国家的法律还非常落后，甚至无视它们的存在。不过，我们同时也应看到，非洲国家的法律虽然拥有完备的外在形式，但非洲民众遵纪守法的意识和观念普遍还很落后。对此，有观点就指出，为适应及促进本国发展，在联合国及世界银行的协助下，一大批吸取西方模式的立法出现在与经济相关的领域，非洲的法律现代化的趋势增强，跟上世界发展的脚步。但是，反过来说，这些立法对于实行多元法律融合的非洲来说还太过于先进，离开主要的大城市之后，就缺乏接受和理解的土壤。非洲的部落酋长制度作为一种根深蒂固的文化模式，加之腐败流行，富有现代精神的法律无法实际施行是目前最大的问题。很多国家做到了有法可依，但是，广大民众却没有建立起有法必依的守法意识，而执法不严、违法不究的情况就进一步架空了法律。在非洲国家中，这种表面的法制现代化和深层的民众法治意识淡薄的缺口短期难以弥合，法律法规体系不够完善健全给我国企业在非经营带来巨大的不确定性和风险。①

三、我国企业进军非洲市场所面临的主要挑战

（一）非洲各国的基础设施建设十分落后

非洲大陆地形广袤、基础设施薄弱，不少国家缺少最基本的公路、铁路、港口等基础的保证贸易投资的经济网络。显然，基础设施落后一直是非洲经济和社会发展的瓶颈。以尼日利亚的电力供应为例，我国驻尼日利亚使馆经商处曾经在 2007 年有一个统计，尼日利亚当年度的发电量不到 3000 兆瓦，而整个国家的电力需求在 10000 兆瓦左右，缺口巨大。只有 40% 的尼日利亚人口（主要是城市人口）可以获得电力供应，实际电力用户不足 400 万个。由于供电紧缺，尼日利亚大部分政府机关、事业单位以及 97% 以上的制造商不得不自备发电机发电。② 对于在非中资企业而言，当地落后的基础设施不但会对其生产经营带来很多的不便，同时也对其产品的销售和物流乃至出口都将是一个障碍，从而导致许多产品无法从企业仓库及时交付客

---

① 中国驻尼日利亚经商参处：《我企业对非“走出去”面临的困难、机遇和下一步工作建议》，资料来源于：http：//nigeria. mofcom. gov. cn/article/ztdy/200804/20080405457062. shtml，2023 年 1 月 22 日访问。

② 中国驻尼日利亚经商参处：《我企业对非“走出去”面临的困难、机遇和下一步工作建议》，资料来源于：http：//nigeria. mofcom. gov. cn/article/ztdy/200804/20080405457062. shtml，2023 年 1 月 22 日访问。

户，严重制约了企业对外贸易和扩大再生产，进而最终影响到企业利润的如期实现。然而，即便是投资非洲当地的基础设施建设，其所面临的风险和挑战也是一个棘手的问题。对此，中国电力建设集团总经理孙洪水指出，大部分电力基础设施建设的特点是投资巨大，回收周期长。这就要求中企在各非洲国家发展的过程中必须坚持属地化运营，没有当地政府和其他力量的参与，是不可持续的。①

（二）在非中资企业相互之间的恶性竞争

据统计，截至2021年末，中国境内投资者共在全球190个国家（地区）设立对外直接投资企业（简称境外企业）4.6万家，较上年末增加近1000家，遍布全球超过80%的国家（地区），其中，非洲的境外企业覆盖率为86.7%，设立的境外企业超过3400家，占7.5%，主要分布在埃塞俄比亚、赞比亚、尼日利亚、肯尼亚、坦桑尼亚、南非、加纳、安哥拉、乌干达等。② 从中资企业所投向的领域来看，主要集中在基础设施建设、矿产资源开发、农业技术和种植业等领域，由于在非中资企业扎堆严重，故彼此之间经常出现恶性竞争的情况。有学者指出，自中国提出“一带一路”倡议以来，国内掀起了对“一带一路”建设的热潮，大量央企和地方国企纷纷走出去，目前在非洲有上千家中国工程承包企业。由于缺乏协调机制，常常一个项目几十家中资企业参与竞标，恶性竞争、相互拆台，导致内部无序竞争，企业利益受损。③

（三）在非中资企业的当地形象被污名化

目前，随着非洲大陆自贸区建设的推进，现在非洲大陆市场成了各国争相合作争夺的重要对象，许多西方国家和媒体对在非中资企业的评价和报道往往戴着有色眼镜，这对企业生产经营造成了一定的困扰。例如，中国国际广播电台西欧拉美中心法语部记者、编辑秘小胜指出，以中国有色集团非洲矿业有限公司（NFCA）在赞比亚经营的谦比希铜矿为例。该矿的炸药厂在

---

① 曹煦、张燕、侯隽、银昕：《走进非洲：中国企业的投资故事》，《中国经济周刊》2018年第36期。

② 中华人民共和国商务部、国家统计局、国家外汇管理局：《2021年度中国对外直接投资统计公报》，资料来源于：http：//images. mofcom. gov. cn/fec/202211/20221118091910924. pdf，2023年1月18日访问。

③ 胡洁、武小欣：《新形势下中非基础设施合作面临的挑战及对策》，《全球化》2021年第5期。

2005年4月发生爆炸，造成47名赞比亚工人死亡。2006年该矿的工人罢工讨薪，有2名示威者被枪杀。西方媒体对此反复报道，但他们很少提及的是该公司在1998年购买谦比希铜矿之后，把就业岗位从100个增加到2200个。根据沙伯力和严海蓉的调查，中国有色矿业支付了2%的费率和35%的公司税，比只支付0.6%的费率和25%的公司税的南非麦特瑞克公司、加拿大第一量子金属公司和印度的韦丹塔公司都高，支付的工资也高于行业的平均工资和法律要求。最近几年有色矿业每年会拿出28万美金，为当地村民修建1公里公路，也为当地小学修建了校舍。但这些从未见西方媒体报道过。①

当然，在非中资企业在面对西方媒体对其形象的抹黑时也缺乏积极的应对。有学者指出，中资企业也不注意积累企业社会责任这方面的资料的统计数据，面对西方国家媒体咄咄逼人的指责，容易在应对中陷于被动。这与西方跨国公司对企业社会责任业绩如数家珍，重视宣传，借此提升企业形象的行为方式很不相同。目前，除了中石油以外，绝大多数在非洲的中资企业都没有发表过企业社会报告，也没有仿效西方企业，成立专门的企业社会责任管理部门。目前中国同非洲的政治和经济关系友善。为了进一步增加普通非洲民众对中国的亲近感，中国可以在企业、政府和行业协会以及媒体三个层面同时作为。② 还有，许多进军非洲大陆市场的中资企业经常采取粗放式的投资模式，不注重保护当地环境，无视当地的环境法律法规，这也无形当中给了西方媒体进行抹黑的口实。有学者就指出，因为中国企业在非投资领域主要集中在基础设施建设、矿产资源开发、农业合作等方面，这些行业具有极强的环境影响性质，倘若引发环境污染或未及时修复环境，将会造成当地民众的反感。这些因素将让中国企业受制于非洲东道国新的环境法律规制，极易引发非洲民间对中国投资的排斥，也是西方偏见的托词。③

四、我国企业应对非洲市场风险和挑战的路径

从整体上来看，可以预计，随着经济全球化的不断深入发展以及“一

① 秘小胜：《在非中资企业的挑战及对策》，《公共外交季刊》2012年第2期。

② 秘小胜：《在非中资企业的挑战及对策》，《公共外交季刊》2012年第2期。

③ 张小虎：《“一带一路”倡议下中国对非投资的环境法律风险与对策》，《外国法制史研究》2017年第20卷。

带一路”倡议的持续推进，我国企业在进军非洲大陆市场的过程中所面临的风险和挑战有增无减。因此，为了持续应对此类风险和挑战，我国企业至少可以在以下两个方面作出努力。

第一，我国企业首先应该具有较强的“讲政治”的意识和思维，跟上当今时代的发展脉搏和我国对外发展战略布局的节奏，既要充分利用中非政府层面的政策和法治保障，也要积极利用各个行业提供的各种专业服务。例如，2021 年 11 月 29 日至 30 日，中非合作论坛第八届部长级会议在塞内加尔首都达喀尔举行，会议最终通过了《中非合作论坛第八届部长级会议达喀尔宣言》《中非合作论坛——达喀尔行动计划（2022—2024 年）》《中非合作 2035 年愿景》《中非应对气候变化合作宣言》等多个文件，为中非经贸合作规划了新的蓝图和愿景，这些都需要我国企业及时知晓和学习领会。再如，在利用行业服务方面，我国企业要积极构筑自己的海外投资服务网络和专业资源平台，以做到未雨绸缪。诚如中非发展基金研究发展部总经理郝睿在“中非智库论坛第十一届会议”的发言时所指出的，深化对非投资最重要的还是要提升企业的经营能力、管理能力和抗风险能力。对非投资主体都是中小微企业，所以还要为企业提供更多的服务，我希望有更多的设计、工业标准、律师咨询、商事咨询等服务企业也向非洲延伸，增强为对非投资企业的服务能力。①

第二，对于我国企业自身而言，为了应对进军非洲大陆市场过程中所遭遇的各类风险和挑战，一般需要做到以下几个方面：首先，我国企业如何正确看待自身面临的风险和挑战是一个非常重要的问题。例如，尽管非洲大陆各国基础设施建设非常落后，这在很大程度上无疑是我国企业进军非洲市场过程中所面临的一个挑战。但是，在很多情况下，非洲各国基础设施落后恰恰给中资企业的投资带来了机遇。事实上，非洲大陆各国的基础设施建设的基本架构主要还是继承于西方殖民主义统治时代。非洲各国获得独立以来，由于受到资金和技术的制约，无法开展有力的基础设施建设，而发达国家和国际金融机构也没多大兴趣投资非洲大陆的基础设施项目。因此，自改革开放以来，中资企业一直致力于非洲的基础设施建设，并成了主力军，这就很好地将有关风险和挑战转换成了“市场机遇”。因此，对于我国企业而言，

① 郝睿：《中非合作的机遇与挑战》，资料来源于：http：//chinawto. mofcom. gov. cn/article/br/bs/202208/20220803343153. shtml，2023 年 1 月 22 日访问。

必须完善其自身的投资风险评估体系，以因应瞬息万变的市场，合理规避跨国经营的风险和挑战。我国企业在经营过程中要综合采用各种策略化解风险以及迎接各类挑战。在实践中，为了应对各类风险和挑战，在非中资企业所采取的措施往往比较单一，这就很难能达到真正意义上的应对风险和挑战之效果。例如，在应对政治风险问题上，许多非洲国家经常发生战乱，虽然许多在非中资企业事先也在中国出口信用保险公司投保了战乱险和商业风险，事后可能也得到了一定的补偿，但并不足以冲抵和弥补其所有在战乱中所遭受的有形和无形的损失。因此，我国企业在“走出去”过程中不能单纯依赖中国出口信用保险公司所提供的风险评估、风险管理以及项目融资等服务来化解投资风险，要构筑多样化的规避风险工具箱，以应对日益复杂和瞬息万变的市场所带来的诸多风险和挑战。

其次，从企业的长远发展来看，企业自身的创业理念、战略和决策往往显得更为重要，甚至可以决定该企业的成败。例如，所谓的商业投资风险，在任何时候，任何地方，都是存在的，且在不断的变换之中。在商业实践中，我们经常可发现一个有趣的现象，也就是：同一个行业，虽然面临诸多风险和挑战，但是不同的人经营，其结局往往大为不同：有的人亏本，有的人却盈利。究其原因，就是那些化险为夷和经常盈利的企业往往是将员工视为自己家人的企业，充分发挥我国独特的传统的企业文化优势，做到不唯利是图，懂得回馈和感恩社会，充分 意识到积极融入和扎根非洲当地社会的重要性，贯彻“取之于民和用之于民”的道理。此外，我国企业在进军非洲大陆市场的过程中要有预防风险的理念，提前预判各种可能发生的潜在风险，同时制定有关应对或化解此类风险的预案。

最后，按照国际企业的经营惯例，我国企业要想在进军非洲市场过程中很好地应对各类风险和挑战，实施“本地化战略”无疑是一个极佳的路径，这也是衡量一个企业国际化程度高低的重要标志。所谓“本地化战略”，就是在非中资企业在市场准入、企业注册、企业经营、员工聘用、产品开发以及企业管理等各个环节上都有效融入本地的一个过程。本地化之所以重要，是它因为能帮助外来企业做到“因地制宜”和“入乡随俗”，切实尊重当地居民的宗教信仰、民族风情、文化习俗和语言习惯，避免产生跨文化和习俗的冲突和不适，从而帮助企业能更快和无障碍地开拓当地市场，满足当地消费者的特定需求和消费习惯。对于中资企业而言，在非洲大陆实施“本地化战略”，不但可以使企业有效分散、化解及应对可能面临的各类政治风险甚或非政治风险，而且还可以相互学习、博采众长、积累经验及快速成长，更是中资企业在非洲大陆可持续发展和做大做强的关键。正如有非洲学者指出的，对中国企业在非洲进行投资而言，“本地化策略”具有以下优点：有利于中国企业了解非洲地区的市场状况、习俗和政策、法律等提高投资的成功率和报酬率；有利于中国企业与当地社会文化融合、改变当地居民对外国资本的抵制情绪。目前，大多数非洲国家对外国资本的限制在逐步扩大，“本土化策略”不仅是中国企业进入非洲的方法，还能帮助中国企业在非洲实现双赢，获得非洲国家的理解和支持，有效规避政治风险，有力回应一些西方国家对中国在非洲积极投资而称之为“中国威胁论”的指责。① 还有，香港联运在莫桑比克的合作伙伴、索尼帕有限公司的董事长拉提尔也表示，非洲需要的不仅仅是资金，而是如何帮助非洲实现自我发展，通过自己经济体系的建立和完善从根本上解决非洲发展的问题。过去一些国家给予的援助主要集中在基础建设、教育医疗和粮食供给上，这些虽然能解决非洲一时的问题，但没有办法从根本上解决问题。② 然而，对于想发展本地商业伙伴关系的中国投资者而言，缺乏有关非洲本地企业竞争力和能力方面的及时准确的信息是一个重要挑战。③ 另外，本地化还体现在非中资企业在企业注册时到底是以设立子公司、分公司还是代表处的方式开展，还是和当地企业进行合资或合作经营，抑或是采取独资经营，这些问题都是必须要加以考虑的问题。有学者就明确指出，中国企业在对非洲直接投资时降低政治风险的一个比较有效的措施就是与东道国政府或企业共同投资、共担风险采取合资经营、合作经营等形式开展投资活动。合资经营、合作经营对中国企业在非洲投资有多方面好处：中国投资者可以利用非洲地区东道国投资方快速地熟悉当地的市场状况、习俗、政府政策和法律；中国企业可以利用东道国投资方的优势，如销售渠道、品牌知名度和与政府的良好关系等提高经营效率；中国企业还可以借助东道国投资方，加强企业和东道国政府之间的沟通，强化本企业收益与东道国利益的联系，从而减少政治风险；中国投资者可将自身承担的部分风险转移给东道国政府或企业。东道国考虑到自身的投资利益一

---

① ［喀麦隆］赛格、门明：《中国企业对非投资的政治风险及应对》，《西亚非洲》2010 年第 3 期。

② 曹煦、张燕、侯隽、银昕：《走进非洲：中国企业的投资故事》，《中国经济周刊》2018 年第 36 期。

③ 王素：《中国民营企业对非投资洞察》，《进出口经理人》2019 年第 12 期。

般会减少对这种投资活动的不利干预和影响，从而减小投资被东道国征用（没收）的风险、违约的风险以及蚕食式征用的风险达到分散政治风险的目的。[①] 当然，在非中资企业在采用本地化策略化解企业风险时有时也并非万能之策。例如，在企业员工本地化方面，许多在非中资企业一方面基于“本地化策略”的考虑而大规模招募当地的劳动力，另一方面是基于有的非洲国家在外国劳务输入方面有当地成分要求的限制而不得不优先聘用当地的员工。然而，即便在非中资企业基于“本地化策略”主动招募当地员工，也可能因为许多非洲国家本身由于教育落后导致合格劳动力的匮乏而无法有效实施“本地化策略”，这就需要加大对当地员工的培训投入力度。

① ［喀麦隆］赛格、门明：《中国企业对非投资的政治风险及应对》，《西亚非洲》2010年第3期。

加纳环境影响评价制度研究

吴　勇　罗　慧*

摘要： 加纳通过1992年《加纳宪法》确认环境权以及国家和公民保护环境的义务，并通过立法逐步确立并健全环境影响评价制度，其中《环境评估条例》主要规定了环评制度具体法律要求和程序。加纳虽然已经建立环评法律制度，但由于经济发展优于环境保护的思想、较严重的官员腐败现象、公众参与度低等问题导致该制度的实施效果不佳。加纳环评制度亟需进一步完善，其发展趋势主要包括提高公众参与、将经济替代方案纳入环评、扩大环评委会成员、加强政府监管等。

关键词： 加纳；环境评估条例；环境影响评价

引言

近年来，中非贸易合作迅速发展，涉及基础设施建设、采矿业、电信及制造业等各大领域。加纳作为我国经贸合作较多的非洲国家之一，两国之间的经贸合作经历了由少变多、由弱到强、由窄变宽的发展过程，目前我国企业在加纳投资规模愈发宽广，但伴随经贸往来的不断加深，加之两国法律规定之间存在差异，两国合作过程中的环境法律问题也有显现，其原因主要在于我国投资者对加纳国情、环境法律制度、环境保护规则等不了解。故通过对加纳环境影响评价制度（以下简称环评制度）的内容、实施、不足、发展趋势进行分析，从而加深我国人民尤其是投资者对加纳环评制度的了解，以期降低我国投资者的环境投资风险，进一步促进两国经贸合作的友好

* 吴勇，湘潭大学法学院教授、博士生导师，主要研究方向环境与资源保护法学；罗慧，湘潭大学法学院硕士研究生，研究方向为非洲法。

往来。

一、加纳环评制度立法历程与意义

（一）立法历程

加纳的环评制度经历了从无到有、从粗到细的发展过程。加纳自独立以来，伴随可持续发展观念的提出以及本国对于环境保护需求的提升，在1992年《加纳宪法》第36条第9款确认环境权以及第41条确认国家和公民对于保护环境的义务，为本国环境立法奠定基础，但当时没有制定环境相关法加以规制，因此环境破坏问题仍未得到有效缓解。其后，于1994年颁布《环境保护署法》，根据该法第1条和第2条成立环保署作为所有与环境有关活动的协调机构和执行国家环境行动的牵头机构，为环境管理提供了基础，确认责任主体及其职责，并且第12条规定有或可能有不利影响的企业，应当在环保署通知所指明的期间内提交环境影响评价，这为环评制度的制定奠定了法律基础，但此时尚未对环评制度的具体内容进行规定。直至1999年，根据《环境保护署法》颁布《环境评估条例》，对环评制度进行详细规定，明确环评是指有序、系统的识别、预测和评估一个企业可能对环境、社会经济、文化和健康产生影响的过程以及缓解和管理这些影响。该条例通过要求对拟建项目进行筛选并确认需要环评，确认了环评制度的具体内容和实施程序。根据《环境评估条例》第8条于2009年制定《费用和收费（杂项规定）法》，并在2014、2018年经过修订，该法对各行业申请环境许可证分别制定收费标准，环评制度至此得到进一步完善。

（二）立法意义

第一，环评立法推动环评制度法制化。环境法作为现代社会保护环境的重要手段之一，加纳颁布《环境评估条例》完善了加纳环境法律体系，标志其环评立法的成熟，使环评制度法律化、制度化。通过环评对拟建项目进行分析和评估，政府部门依据环评立法和环评报告依法决策、科学决策，尽可能减少拟建项目对环境产生不利影响或破坏程度，达到预防和控制环境破坏的目标。第二，环评立法有利于提升加纳国际形象，吸引外资。良好的环境形象是一国国际形象的重要表现之一①，加纳通过环评立法不仅从源头防

① 马伟阳：《保护环境对中国全面深化改革与环境立法的多重意义》，《鄱阳湖学刊》2014年第2期。

止环境污染和生态破坏，并通过将环境保护纳入国家发展规划，确保经济发展项目符合环境保护的要求，以减轻经济项目对环境的不利影响，有利于树立本国良好环境形象，吸引外资经济，促进本国经济发展。第三，环评立法有助于优化本国经济结构。通过实施环评，推动企业转变发展模式，从而优化国家经济发展结构，促进资源节约型、环境友好型发展模式的生成，达到经济发展与环境保护的双重目标，体现可持续发展和绿色发展理念。第四，环评立法有助于提升公众环保意识和参与意识①。加纳《环境评估条例》保障公众参与环评过程的权利，将公众参与纳入环评制度实施过程，积极发挥公众在环评过程中的作用，确保环评的合法性、合理性，并通过设立受害者投诉制度确保公众对环境权力的维护，有助于公众提升环保意识，激励公众参与环评的积极性，从而提升保护环境的效果。

二、环评制度主要内容与特点

（一）环评制度的主要内容

根据《环境评估条例》，其主要分为三部分，第一部分为环境许可，包括环境许可证的申请、筛选、评估、费用等，第二部分为初步环境报告及环境影响报告声明，包括范围界定、环境报告书、听证会、审查等，第三部分为其他规定，包括暂停、取消、撤销许可证等。根据《环境评估条例》，环评制度主要包括四个过程：第一，项目登记和筛选报告；第二，范围界定；第三，环境影响报告；第四，公开听证会。

首先，并非所有企业都需要申请环境许可证和提交环境影响报告。根据《环境评估条例》第 1 条和第 3 条的规定，列于本法附表 1 中的内容仅要求注册和环境许可证，而附表 2 中的内容必须进行环境影响评价。环保署将依据收到的环境申请书进行筛选，从而决定是否颁发环境许可证以及是否需要提交环境影响报告书。

其次，根据《环境评估条例》第 10 条至第 13 条，在经过筛选后确认需要进行环评的项目，进行范围界定，以确定影响和可能的缓解措施。范围界定将考虑并收集关键影响，让公众参与并了解其关注的问题，评估影响问题并确定其优先级，并制定解决这些问题的策略。根据《环境评估条例》，范围界定报告书中需要包含环评的范围和程度、一份职权范围草案和环评报

① 李泽昆：《我国环境影响评价制度研究》，中共中央党校 2012 年硕士毕业论文。

告书中需要处理的基本问题。通过范围界定，可以帮助环保署以及公众在短时间内利用有限的时间和资源了解项目内容并从中分析该项目中的潜在风险和不利因素，从而为项目的改进与实施提供正确指引。

再次，环境影响报告是环评制度的核心内容。环境影响报告是指环保署在收到初步环境报告后，认为该业务活动可能对环境造成重大不利影响的，应要求申请者就该业务提交一份环境影响报告书。若环保署认可环境影响报告书，便需要通过大众媒体发布一个为期 21 天的公告，并在适当的地方张贴其必要部分，以便接收来自各方对于该事项的意见和建议，最终确认是否需要召开公开听证会。

最后，公众参与是环评的关键因素。如果公众对于已经公开的环境影响报告书中的项目存在严重不良反应时，应当召开公开听证会，通过听证会所提建议，由环保署审查确认是否需要进一步修订环境影响报告书以及是否颁发环境许可证。

此外，该条例中需要值得注意的一些内容包括以下几项：第一，授予环境许可证的，自授予之日起 18 个月内有效，获取许可证的申请人未能在此期间开展业务的，所取得的许可证将失效。第二，取得环境影响报告许可的项目负责人，需要每 3 年提交一份环境管理计划以及每年度提交一份年度环境报告。第三，公开听证会的结果不具有法律效力，听证会更像是公共论坛，项目区域内的所有人都可以参加。第四，对于环境许可证的申请，环保机构应当自收到申请表之日起 90 天内完成审定并送交申请人，但该时间限制不适用于需要进行公开听证会、要求提交初步环境报告和需要提交环境报告书的情形。第五，该条例具有溯及力，根据本条例第 2 条的规定，条例生效之日起，现存的任何业务已经或可能对环境或公众健康产生不利影响的，也应当在一定时间内对拟建项目进行登记并获得环境许可证。

（二）环评制度的特点

1. 较严的监管力度

完善的监管体系是环评制度有效实施的保障。首先，根据《环境评估条例》第 2 条，该法具有溯及力，因此在调整范围上较为广泛，一定程度上更有利于强化环境保护的管理和监督。其次，加纳不仅在制订和执行新的发展方案和项目时考虑环境问题，并且较早执行项目事后评估，以便遏制或者纠正过去的错误。根据《环境评估条例》规定，项目负责人需要对项目出具环境管理计划以及年度环境报告，以此作为监督项目实施是否对环境造成损害的方式之一，通过对其进行监督，避免对环境影响的产生或扩大。最后，对未取得环境许可证经营、未依法进行环评、未依法提交环境报告等行为的惩罚，根据第《环境评估条例》29 条规定，对于因以上行为构成犯罪的人，作出相应惩罚措施，包括罚金或（和）监禁。

2. 独特的受害人申诉制度

为有效保障民众的环境监督权，《环境评估条例》第 27 条规定因环境保护机构的决定或措施而遭受损害者可向部长提交书面投诉。根据该条规定，其一，民众因环保机构的决定或措施遭受损害而提起投诉，这有利于加强民众对环保署决定的监督，防止政府机关滥用权力，同时也有利于加强民众的环境保护意识。其二，为规范投诉机制，制定投诉表（complaint form，以下简称 GRM）① 以供民众提起投诉时使用，在接收到民众投诉后环境部长应当形成专家组在法律规定的时间之内进行讨论并作出决定，有助于强化规定的落实和民众问题的解决。

3. 针对性较强的复垦保证金制度

加纳矿产资源丰富，《环境评估条例》对矿产开发活动设立复垦保证金制度以保障当地环境和环境修复。首先，第 3 条规定采矿租赁总面积超过 0.1 平方千米的地区开采和加工矿物的，必须取得环境许可证并进行环境影响评价，第 14 条第 3 款规定采矿和其他采掘业的环境说明书应包括复垦计划。以上两条规定对采矿业提出更细致的要求，有利于加强对采矿业的监督，确保采矿行业严格依照环评要求开展活动。其次，第 23 条规定复垦计划的业务应当根据核准的复垦计划缴纳复垦保证金，通过确立复垦保证金作为因进行开垦或复垦工程破坏土地的违约保证金，提高了矿产开发企业的违法成本，同时为因矿产开发引发环境修复问题提供了资金支持，有助于遏制因矿物开采破坏环境的情形发生。

三、环评制度实施过程中面临的问题

虽然加纳环评制度在本国部分地区得到严格遵守且取得了良好成果，如中国机构与加纳政府关于布依大坝项目中的安置计划充分履行了环境保护的相关要求，使得在当时受到瞩目的建设项目没有引起当地社群的不满，有效

① GRM：即加纳环保署申诉补救机制，该机制可以帮助公众及时、有效和高效地解决与环境相关的投诉和申诉。

保障了当地生态环境和人文环境，取得良好的社会效应。但在大部分地区，理论上相对完善的环保法律的实际执行情况并没有达到理想状态，比如阿萨帝西部地区杜马西村某采矿企业已获得环评程序的批准，但村民也曾拿起武器阻止采矿企业停止开采工作，其原因是采矿行为污染了当地环境。此外，塔克瓦－恩苏埃姆市是加纳个体采矿业最集中的地区之一，该地区的大型采矿业虽是正规的且得到了较好监督，但当地的小规模采矿业并未取得环境许可证，也没有经过环评程序，该行为导致当地森林被破坏，对农业造成极大威胁，严重影响当地人民生存福祉。之所以有此类情况发生，主要存在以下三点原因。

（一）经济发展优于环境保护的思想

资源型国家当前普遍的发展模式偏向于以资源消耗和环境破坏为代价促进经济发展，该类国家普遍认为保护环境必然会影响就业和经济发展，加纳也不例外。加纳别称黄金海岸，矿业开采是本国支柱产业，吸引超过 20 亿美元投资，占加纳总外商投资额 56%，而其中外商投资的 80% 都是金矿开采部门，仅这一部门就占据加纳国内 GDP 的 5%，矿产出口约占加纳总出口的 37%，其中黄金最为重要，占总矿产出口的 90% 以上。因此，矿产经济作为加纳重要经济领域，大多官员并不愿冒着降低就业率和经济发展的风险严格实行环评法律，甚至许多法律或政策本身就是为了吸引国外投资和国外援助而制定，如加纳制定《经济复苏方案》来吸引货币基金组织、世界银行和其他投资者的注意，这促进了经济发展，但同时对本国环境和自然资源造成损害。

在此背景下，当面临环境保护与经济发展抉择时，加纳官员往往更优先选择发展经济。并且在面临经济发展压力时，当地政府往往施压给环保署官员，要求他们对某些项目“开绿灯”，在其未进行环评程序或者环评不合格的情况下发放环境许可证，而环保署官员往往会屈服于这一压力，使得环保法律难以完全实施。

（二）较严重的官员腐败现象

《环境评估条例》规定所有矿产开发必须进行环评，但采矿人员依旧可以通过不当方式或者绕过环评制度进行采矿，损害公共利益。一名调查记者于 2014 年透露，非法采矿大多由权势官员促成，因为他们受贿或原则上拥有特许权，当局（警察和军事人员）、当地社群首领和某些管理机构（如矿产委员会）的官员为非法采矿做掩饰。

导致腐败现象较严重的原因在于：其一是加纳法律对于腐败行为的规制不够完善。根据1960年《加纳刑法》第239条至第245条规定，对于公职人员贪污、受贿、勒索等行为构成轻罪。根据1960年《加纳刑事和其他犯罪（程序）法》第296条第4款对于构成轻罪的，可处不超过三年的监禁，并且根据第5款特殊规定，若属于《加纳刑法》第239条（即公职人员腐败犯罪）的，可处不超过25年的监禁。从法律条文来看，对腐败犯罪作出了禁止性规定，但其一是法条没有对构成腐败的标准进行具体规定。其二是对公职人员腐败犯罪的处罚非常笼统地规定处不超过25年监禁，没有规定具体的量刑情节和相应的量刑幅度。其三，通过阅读《加纳刑法》，并未发现该法对于行贿类犯罪作出规定，法律规定不完善给项目投资者实施行贿行为也留下缺口。

官员作为法律的执行者，是法律变为现实力量的桥梁，其出现问题势必会影响法律实施，环评等法律制度在实践中没有得到遵守，直接导致当地环境遭到严重破坏。

（三）公众参与度低

环评需要搜集信息以制定最合适的方案来保护环境或降低对环境的损害，而当地社群人民的观点，如对气候变化和易变性的思考和行为方式，以及他们的价值观和愿望在应对和管理气候变化及其影响方面可发挥重要作用。如果缺乏当地社群的配合，就难以保障信息来源的全面性，并且是缺乏了其中最为关键的当地信息这一部分，导致无法制定出最合理、最科学的方案。

根据《环境评估条例》第17条规定：根据（本条例）第16条发布的公告，就拟议业务的开展似乎有严重的公众不良反应，业务将涉及社群搬迁、迁移或重新安置等情形需要举行听证会，为举行听证会组建的专家组则需向环境保护机构以书面形式提出建议。《环境评估条例》表明公众对听证会有建议权，听证结果通常是作为一种参考意见提交环保署，但现实中由于社群居民的文盲率、听证会专家组成员构成等因素导致公众参与度并不高。根据加纳统计局报告，加纳文盲人数约有790万人，其中女性文盲数为460万人，男性文盲数为330万人，并且，从报告中得知，伴随经济发展程度的不同，其文盲率的高低显示出正比例关系①，因此，越是经济不发达地区，

① 加纳统计局2022年文盲率统计报告。

文盲率越高，从而导致公众对于发布的环评公告无法阅读，对于环评公告中征集公众意见的文书缺乏表达能力，难以在环评过程中发挥其应有的力量。

四、环评制度发展趋势

在可持续发展以及本国环境恶化等因素共同作用下，加纳的环保意识显著提高。从 1995 年第一份基于可持续发展原则的首份环境政策，到 2014 年的《国家环境行动计划》，再到加纳 2020 年愿景，可以看出加纳的环保政策在不断加强，对环评制度的要求也在提高。从加纳的环保政策和压力、国际环境法和包括学术界在内的加纳社会各界的环保期待等因素来看，加纳的环评制度出现较为明显的发展趋势。

（一）提高公众参与

世界银行（2006 年）从 20 年来参与基础设施项目中得出结论，公众参与对项目的成功和可持续性至关重要，发展中国家尤其如此。因此，公众参与作为环评制度的重要一环，提高公众参与是完善该制度的必然趋势。

从法理上说，加纳所有自然资源属于加纳全体人员，人民是自然资源的所有者，应使公众能够真正影响项目决策。从科学角度来讲，公众参与环评应该引导“更好的”决策。当地社群居民以创造性的方式应对气候变化，在应对和管理气候变化及其影响方面发挥重要作用。因此，利用传统知识和新技术相结合寻找解决方案，这可能有助于社会应对环境变化。从实际来讲，加纳独特的政治制度使得当地社群和当地社群领导（如酋长）有巨大影响力，加大公众参与尤其是加纳当地社群居民参与环评过程有助于在作出最终决定之前识别和解决冲突，从而推动项目实施。

以上因素将共同推动加纳进一步提高公众参与，但公众参与并非一味扩大。有学者提出公众参与应更进一步，建议受拟议项目影响的人需要同意该项目。从民主的角度来看，这可能是可取的，但人们应该意识到这种做法的深远影响，即过度的公众参与会导致政策僵局，所以应结合加纳实际情况逐步加大公众参与，第一是普及公民环保意识和文化程度。当前，加纳逐步重视环保意识宣传，但还远远不足，并且加纳部分地区文盲率较高，当地群众看不懂政府所发公告，也就无法参与提议。此外，由于普遍受教育水平低，无法对未来的发展进行长期规划，很大可能会为了眼前的短期利益而放弃未来的更大利益，因此，加大公众参与最重要的一点就是加大文化普及和环保意识的宣传。第二是改变公告方式。根据《环境评估条例》相关规定，环评公告方式为投放到当地或全国知名报刊和媒体，但研究表明，大多数社群居民既不能阅读，也无法接触到报纸。因此，可以在当地社群设立信息办公室，确保居民可以寻求对拟议项目在当地可能造成潜在影响的相关信息，描述拟议业务的文件可以翻译成当地语言，并且必须附有描述复杂问题的图片等。第三是将土著机构纳入公众参与范围。将土著机构及其生态知识纳入环境评价，充分利用基层社群内现有人力资源，从而减少环境管理对外部观念、目标、技术和监督的完全依赖，还可以减少进行环评所需的外界专家的庞大开支，对当地社群居民来说，这也将标志着公民参与的实质提高。

（二）将替代经济方案纳入环评

一个大型项目的开展不仅会影响到当地的生态环境，也会影响到当地居民和经济。实施严格的环评制度会影响项目投资人的收益和投资回报率，如果回报率过低就会使得项目被取消从而影响当地的经济发展，当地官员就可能会为了经济发展而对项目环评“开绿灯”，那么严格的环评制度将形同虚设，环保愿景也将难以实现，所以要寻求一种替代经济发展方案来尽可能弥补保护环境而带来的经济损失。

根据对非法矿工的调研，与会者都意识到非法采矿对环境的不利影响。对关于帮助减少非法采矿活动的建议，45.45%的人认为严格的法规和执行法律将有助于实现这一目标，36.36%的人认为政府创造就业机会将有助于减少这些非法活动。此外，81.82%的受访者肯定地回答，如果提出可持续的替代品，他们愿意制止非法采矿。由此可知，人们都意识到破坏环境的严重后果，当拥有替代经济方案后，会更乐意停止破坏环境的非法采矿行为。因此，将弥补环保带来经济损失的替代性经济方案纳入环评，可以提升企业自主保护环境的意愿。

对此，政府可以通过以下途径鼓励企业采取替代经济方案，其一是加纳政府可以将环保投入大的项目与其他企业想要参与的项目进行捆绑，从而弥补企业的经济亏损程度。可参考的案例是布依大坝的建设项目，加纳政府将布依大坝建设项目和加纳可可出口的贸易合同进行绑定竞标。其二是考虑到企业保护环境的最大投入通常是环保设备的购买，对此，政府可以通过对该类设备进行补贴以弥补企业部分经济损失。

（三）扩大环评委会成员

环保署负责加纳环评程序中的筛选和审查阶段确定拟建项目是否对环境造成重大影响。对此，环保署与从相关政府机构中选出的成员组成跨部门委员会，跨部门委员会组织环评咨询委员会来为自己的决策提供建议，该委员会成员主要包括环境部、地方政府、财政部、卫生部、教育部、标准委员会等政府部门成员以及环境专家，由此可见，其成员主要来自政府部门，为避免其组成人员的不完善性，环评咨询委员会的代表应扩大到如包括环境企业人员和环境规划师等，此外，由于环境专家对当地生态、价值组合、环境资源使用和细微差别缺乏的广泛了解，而当地居民作为当地社群专家，也可担任环评咨询委员会成员。因此，可以设立一个专业小组委员会，为缺乏进行环境影响评价专业知识的投资者进行环境影响评价的指导和研究，这不仅是因为他们的参与可以平衡支持者的明显偏见，而且有助于揭示和评价非技术选择，而这些正是环境重大项目决策的基础。

（四）加强政府监管与政府工作透明度

第一，环境评价必须依据规划和政府指导政策来确保其有效执行，因此加纳环保署等政府管理机构必须切实制定有效的环境政策并加以实施和监测以改善环境。对此，政府监管机构应当持续监测项目企业，以确保项目企业切实执行与环境有关的政策，并通过加强对工会的教育和指导，使其认识到必须将环境问题纳入企业项目的开发和发展过程中，使它们能够在实现可持续发展方面发挥积极作用。

第二，加强对于政府机构的监督，防止其权力滥用，并增强对于政府官员职务犯罪的惩戒力度。由于加纳对于腐败犯罪的惩治力度虽强，但由于规定不够明确、细致，为官员腐败问题留下缺口，因此，完善对腐败、贿赂犯罪的规范有利于加强对政府人员以及项目实施者的监督。此外，政务公开作为确保政府治理工作有序开展和治理能力有序提升的有效途径之一，在不违背公共利益和商业秘密等情形下，应确保政府工作内容公开，便于公众查询并进行监督，提升政府工作透明度、可信度，确保环评工作的正常开展。

五、结论

面临百年未有之大变局，非洲国家在国际社会中的地位愈发重要，中西方国家积极与其建立双边、多边合作关系，试图在非洲国家中建立优势地位。而我国常被西方国家指称因我国活动导致非洲国家环境破坏，但实际上我国相关部门不仅积极制定指导方针，确保我国企业在非投资依法依规、遵守制度，并且中国企业依据在加纳投资经验，对加纳环境法律有一定了解，知晓两国在法律规定上存在差异以及当地社群和习惯法对于投资者也有较大影响，也会重视其国情及当地媒体和社群影响力，积极与当地政府、媒体和社群进行沟通，避免引发双方冲突，从而降低环境投资风险。由于近年来伴随中加关系的迅速升温，加纳逐步成为我国对非投资额最大的非洲国家之一，对加纳环评制度展开分析，旨在提醒我国企业对加纳进行投资需要注意严格遵守加纳环境制度，并时刻关注当地法律的变更情况以适应当地法律环境的变化并及时作出调整投资计划，降低投资成本。

南非商标抢注风险与注册保护*

——兼论中国企业的法律应对

张小虎　李　敏**

摘要： 我国知名商标在南非遭到抢注的情形时有出现，南非特殊的商标注册保护法律制度对我国企业在当地进行商标注册保护造成了阻碍，加之知识产权贸易壁垒和两国制度的差异性，使得我国商标在南非注册保护遭受较大的困境。因此，商标异议制度、商标的无效宣告以及商标的撤销成为我国企业在南非进行商标注册过程中维护商标所有权的重要途径。知识产权的保护已逐步成为国家安全的重要组成部分。未来，我国企业在南非进行投资经贸活动时应当做好商标海外注册战略规划、及时关注全球商标公告并注意南非未来的商标制度发展趋势，还可通过双方协商的方式拿回商标权，必要时可更换商标重新进入国际市场。

关键词： 南非；商标；注册保护；法律风险

引言

全球经济一体化深入发展且中非共建“一带一路”进入高质量发展阶段，中国对于非洲国家的投资力度也在不断加大，中国与南非之间的经济文化交流不断增强。2015 年 12 月，南非成为第一个同中国签署“一带一路”合作文件的非洲国家。南非是非洲工业化程度最高的国家，也是非洲第二大经济体，其基础设施完善、地理位置优越，并且法律法规完备、金融环境健

---

* 基金项目：教育部人文社会科学研究规划基金项目“中国民营企业投资非洲的法律风险防控研究”（项目编号：22YJAGJW007）。

** 作者简介：张小虎，湘潭大学中非经贸法律研究院副院长、副教授；李敏，湘潭大学法学院硕士研究生。

全；2022 年全年中国与非洲国家进出口额达到 18786.04 亿元人民币，同比增长 14.5%；其中南非与中国贸易额为 3788.17 亿元人民币，同比增长 5.8%，占中非贸易总额约 20%，是中国在非开展贸易交流的第一大国。① 中南双边投资、贸易一直保持着密切的往来，中国企业在南非投资的力度和范围不断提高，主要集中在制造业、金融、矿业等领域，比如家电企业海信、汽车制造企业首汽和一汽等企业已经在库哈工业园投资生产，华为也已经在南非参建非洲首个 5G 独立组网商用网络，中国工商银行收购了非洲标准银行 20% 的股份，腾讯、银联、江铃汽车等企业也已经入驻南非，已经成为中南双方投资贸易的重要主体。然而，企业名称、产品和服务的商标是一企业知识产权保护的重要组成部分，目前中国众多知名企业和品牌入驻南非，大部分的商标已具有较高的知名度，因此逐渐出现了商标被抢注、驰名商标被冒用的情形，这些商标违法行为使消费者难以区分该商品的真正来源，不仅给消费者的合法权益造成侵害，也对真正商标的价值造成破坏，这对于我国企业在南非市场上进一步开展投资合作造成极大的阻碍。如何从商标保护的源头上维护商标的价值成了我国企业在南非开展投资进行法律风险防控的重要问题。

一、中国商标在南非遭受抢注现象

中非经贸关系不断加强，中国企业纷纷走进非洲投资，商标保护也成了企业风险防控的重要领域。2008 年 11 月 20 日，非洲知识产权组织（以下简称 OAPI）刊登了自然人 DENG MING 申请的 28 件商标的注册公告，该 28 件商标均是在我国有较高知名度的商标，包括华为技术有限公司的 HUAWEI、TCL 集团的 TCL、美的电器的 Media、宁波雅戈尔集团的 YOUGNOR、五粮液集团的 WULIANGYE、新科电子集团的 Shinco、四川长虹集团的 CHANGHONG、康佳集团的 KONKA、中国国际旅行社的 CITS 等商标。② 然而长虹商标在南非被一家中国企业抢注，很显然该抢注者抢注

---

① 中华人民共和国国家发展和改革委员会：《2022 年 1—12 月我国与非洲国家贸易情况》，载 https://www.ndrc.gov.cn/fggz/jjmy/dwjmjzcfx/202301/t20230131_1348030.html，2023 年 3 月 16 日访问。

② 国家工商行政管理总局商标局中国商标网：《知名商标在非洲被恶意抢注案》，载 http://sbj.cnipa.gov.cn/ztbd/sbhwwq/wqal/201705/t20170515_264674.html，2021 年 11 月 28 日访问。

“长虹”这一商标在主观上是恶意的，该抢注者试图通过“傍名牌”的方式来扩大自己的市场范围，提高销售量，获取更高的利润。同时还有一些个人通过在国外大量申请知名商标以此获得商标在该国的专用权，而后向该商标在中国真正的所有权人进行转让而获得高额的转让费的情形。

二、中国商标在南非遭受抢注的成因分析

我国商标在南非频繁遭受抢注，一方面原因是南非当地商标注册法律制度存在其特殊性，单一的注册方式以及申请原则都对我国商标在当地获注保护形成了障碍。另外，知识产权贸易壁垒的存在也是导致我国商标在当地注册保护困难的重要因素。

（一）南非商标注册法律制度的特殊性

中国商标在南非遭受抢注最主要的原因是其商标注册法律制度的特殊性，中国与南非的商标法律制度存在较大的差异，这对于我国企业在南非投资过程中进行商标注册造成了阻碍。第一，南非商标法对于商标的注册方式采取“一标一类”制度，即申请人在对商标提出注册申请时，对于不同的类别上申请注册商标应当分别提出申请，分别缴纳注册费用，这就导致了注册效率极大降低以及注册成本的升高。第二，南非目前尚未加入《商标国际注册马德里协定》及其《议定书》，其采用的商标注册方式为单一的国家注册。通过马德里国际注册方式进行商标注册只要通过一份申请书就可以指定一个或多个成员国且只需要交一份申请费用，无需当地律师参与申请；而单一的国家注册方式要求针对每一类商标均需要提出申请并缴纳费用，另外还要委托当地的律师。由于单一注册制度存在的弊端，使得很多中国企业在南非进行商标注册存在很大的障碍，这也导致我国企业海外商标法律风险很大、维护成本较高，商标被抢注、恶意使用的现象层出不穷，对我国企业的商标保护形成了很大的挑战。由于商标的“地域性”特点，希望在国际上使用和注册其商标的商标所有人面临的不确定性是：一个商标可能在一个国家有资格获得保护，但在其他地方可能没有资格获得保护；如何更加高效率、低成本、广范围地获得商标注册成了我国企业在海外进行商标维护的重要标准，而南非商标法的这两项具有明显缺陷的制度成为我国企业在南非商标注册的阻碍，这也成为我国商标在南非遭受抢注层出不穷的重要因素。

（二）知识产权贸易壁垒

制度性因素的限制是我国商标在南非保护不力的一个重要原因，同时知

识产权贸易壁垒的存在也是阻碍我国商标在南非获得有效注册保护的因素。知识产权贸易壁垒，是指一国实施或支持的，以保护知识产权为名义，对含有知识产权的商品进口采取限制措施，或者凭借拥有的知识产权优势，滥用法律所赋予的垄断权，对国际贸易造成不合理障碍的其他措施。① 知识产权贸易壁垒属于技术性贸易壁垒的一种重要方式，而商标抢注则是知识产权贸易壁垒的一种手段。随着我国商标品牌在国际市场上的知名度不断提高，中国商品的竞争力也不断增强，面对我国大量商品涌入南非市场并占据一席之地的现实状况，南非不得不采取一系列手段来限制我国部分企业和商品进入其国内市场，因此就出现了其国内的法律主体通过商标抢注的形式来防止、延缓我国企业或商品进入其市场，同时这种现象的发生在国家层面是得到允许的，这是一种贸易保护主义的新形式。

三、南非商标注册的保护制度

受不同时期不同殖民国家的法律制度的影响，南非的法律体系呈现出了混合性的特点，一方面保留了本身固有的习惯法以及土著法，另一方面又有在殖民时期的罗马荷兰法以及英国的普通法；罗马荷兰法的经典著作在南非是重要的法律渊源之一，判例法中的司法先例同样也成了南非的法律渊源。南非商标法在很大程度上沿袭了英国商标法的基本制度，包括普通法和成文法，因此其商标法是较为先进的，南非最早对于商标的保护可以追溯到1916年的《专利、设计、商标和版权法》，后于1963年为实施《保护工业产权巴黎公约》（以下简称《巴黎公约》）而单独制定了《商标法》，现行为1993年《商标法》，该商标法于1997年、2013年依据《知识产权法修正案》分别进行了修订。

（一）南非国内法对于商标注册的法律规定

目前南非国内对于商标保护的相关法律有《商标法》《商标法实施细则》《假冒商品法》《知识产权法修正案》。

1. 普通商标的保护规定

首先，对于可注册和禁止注册的商标范围有明确的规定。在南非可以使商标获得注册的基本条件为具有“可区分性”，即该商标能够将其适用的商

① 韩玮：《国际贸易中的知识产权壁垒及我国法律对策研究》，《浙江树人大学学报》2010年第10期。

品和服务与他人的商品和服务区分开来；对于不具有区分性、申请人非善意取得的商标、包含共和国国徽国旗或印章的商标、具有欺骗性的商标等情形属于不可获得注册的范围。其次，明确了商标注册的流程。商标的注册申请应当依照规定向注册长官提出，注册长官进行审查后决定受理或者予以驳回，受理以后应当按照规定的方式尽快进行公告，若在公告之后的 3 个月内无利害关系人对该商标提出异议即可获得注册。最后，法律还规定了应当设置商标注册簿。对于已经获得注册的商标应当在商标注册簿上进行登记，对于注册商标的详细内容进行记录以便后续查询使用、进行权利变更等。

2. 对驰名商标的保护规定

南非为《巴黎公约》成员国，其对于驰名商标的保护受该公约的影响。即使我国某一驰名商标未在南非获得注册，但只要南非国内的某商标同该驰名商标适用在相同或类似的商品和服务上，构成或者主要部分构成对该驰名商标复制、模仿、翻译并且可能造成欺骗或者混淆的，那么这一商标的使用将会受到限制。

（二）南非加入的国际条约对于商标注册的规定

1. 《巴黎公约》

1883 年通过的《巴黎公约》适用于最广义的工业产权，其中包括对于商标权的保护，南非于 1947 年 12 月 1 日加入《巴黎公约》。《巴黎公约》中明确规定了优先权原则，即申请人在成员国内已经提出商标注册申请，在该申请提出日后 6 个月内再次向其他成员国提出商标注册申请，则是第一次提出申请之日为申请日；同时也规定了同一商标在不同国家保护的独立性。①

2. 《与贸易有关的知识产权协定》

于 1995 年生效的《与贸易有关的知识产权协定》（简称《Trips 协定》）是世界贸易组织体系下的协定，是参与方最多、内容最全面、保护水平最高、保护程度最严密的一项国际协定，南非于 1995 年成为其成员国。该协议要求拟注册的商标需要具有可区分性，各成员国在商标获得注册以前或者注册后应当公布，可以对商标的注册提出异议。同时该协议还规定了各个成员国可以将商标的使用作为注册条件，但是商标的实际使用不得作为接受申请的一项条件，也不得仅以自申请之日起 3 年期满后商标未按照原意使用为

---

① 《巴黎公约》第 4 条。

由拒绝申请。

3.《商标注册用商品和服务国际分类尼斯协定》

《商标注册用商品和服务国际分类尼斯协定》于1975年生效，并建立了尼斯分类，南非为其成员国。尼斯分类依据类别和字母顺序将商品和服务按照1~45类的顺序排列，其中货物注册有34种，服务注册有11种。商标注册申请人在向相关机构进行申请时需要在申请书上填写在何种商品或服务上进行商标注册申请。

四、南非商标抢注的救济途径

商标的抢注使得一商标在源头上就已遭受到了破坏，我国企业在对南非投资过程中如何加强自身商标的保护成了企业不容忽视的一项法律风险，当我国某商标在南非被抢注时，商标所有权人以及利害关系人可以通过商标异议、商标的无效宣告以及商标撤销等制度进行解决，这三种救济方式可以在商标注册流程中的不同阶段使用，有效地保障了商标所有权人及利害关系人的合法权益，打击商标抢注和恶意注册情形。

（一）通过商标异议以阻止获得注册

所谓商标异议即任何利害关系人，自商标申请公告之日起3个月内向南非知识产权局对该商标提出异议的一种制度。南非商标异议制度采取的是异议前置，即被侵权人或者其他利害关系人应当在由南非公司与知识产权局发布申请公告之日起3个月内或者经注册长官同意更长的时间内向南非公司与知识产权局提出异议，提出商标异议的理由包括绝对理由和相对理由。异议人自商标申请公告发布之日起3个月内向南非公司与知识产权局提出商标异议，而后该局向被异议人发出异议通知，由被异议人向该局作出答复决定是否答辩，若参与答辩则在收到通知2个月内提出答辩理由，即使被异议人对于该异议不进行答辩也不影响南非公司与知识产权局对此作出决定，此种情况下将会作为缺席审理；而后由知识产权局向异议人发出质证通知并由异议人1个月内提交质证理由，后将该理由转交给被异议人；最后，南非公司与知识产权局组织双方进行听证并最后作出异议决定。

一般来说，商标异议审理周期在商标异议申请之日起24~36个月内审结。如果异议双方对于异议决定不服的可以向高等法院提起诉讼，若对于高等法院的诉讼结果不服可进一步向最高上诉法院上诉。我国公民、法人或者其他组织在南非提起商标异议时需要注意，在进行异议申请需要的文件中异议申请表格应当由当地的律师依据案情撰写；同时申请人应签署宣誓书，若该宣誓书在南非以外的国家签署则需要进行公证。由于在南非进行商标异议的成本比较高，因此建议我国企业在进行商标异议之前可以向被异议人发出警告函，要求其撤回商标申请，如此一来便可以极大地减少异议的时间及成本。

（二）获注后采用无效宣告使商标取消注册

商标的无效宣告制度同商标异议制度最大的不同点在于商标无效宣告适用的时间在商标获得注册以后，而商标异议制度适用的时间在商标注册流程中，两种制度的结合更加有效地保障了权利人的商标权，即使商标获得注册以后也有权利救济的途径。对于一商标宣告无效会根据申请主体以及申请理由不同分为两种不同的情形：第一种是利害关系人可以基于相对理由向南非知识产权局或者南非高等法院提出无效宣告申请，但在此种情形下会受5年期限的限制；第二种情形为任何人基于绝对无效的理由、利害关系人基于恶意注册而向南非知识产权局或南非高等法院提出无效宣告申请，这种情形下并不受5年时间的限制。申请人提出无效宣告申请以后，南非知识产权局或者南非高等法院通知被申请人，被申请人自收到通知后决定是否答辩，决定答辩应在2个月内作出答辩理由；即使不参加答辩也不会影响南非知识产权局或者南非高等法院作出决定；而后南非知识产权局或者南非高等法院向申请人发出质证通知，申请人应当在收到质证通知后1个月内向官方机构提交质证理由，然后由南非知识产权局或者南非高等法院将该质证理由转送给被申请人，被申请人收到质证理由后官方机构组织双方进行听证，最后作出无效宣告的决定。

申请人申请无效宣告时需要提交无效宣告申请表格，该表格应当由当地律师根据具体案情进行撰写，申请人需要签署宣誓书，若在南非以外的国家签署则需要进行公证。若委托他人或者律师进行无效宣告申请需要填写委托书，但只需扫描件即可。对于商标无效宣告南非商标法令并没有规定明确具体的审理周期，在实际审理过程中也会根据案件的具体情形而决定。对于无效宣告结果不服的，可以向高等法院提起诉讼；由高等法院审理的无效宣告案件，提起诉讼时管辖法院仍为高等法院；对高等法院判决不服的，可以进一步向最高上诉法院提起上诉。

（三）商标撤销使商标归于无效

注册商标的撤销是指当某一商标已经被注册，但由于其存在商标法规定的情形，南非公司与知识产权局或高等法院使该商标专用权归于消灭的情形。具体存在以下两种情况：

1. 无善意使用意图

商标注册申请人在注册该商标时就没有由本人或其他权利人对该商标应用于相关商品或服务上的主观意图，直至撤销申请提出之日起前3个月内任何权利人都没有在相关商品和服务上实际使用。该情形下，相关机构予以认定商标权人对于该商标的申请注册在主观上并无善意使用的意图，会对该注册商标予以撤销。

商标的最终目的在于使用，如果主观上没有善意使用该商标的意图，并且客观上没有善意使用该商标，商标的注册将会被撤销。在新百伦运动公司诉 Dajee 一案中，法院重申商标注册是为了让所有者使用，而不仅仅是为了防止他人使用该商标，这一原则在《商标法》中有明确的规定。

2. 商标连续5年不使用

直至商标撤销申请之日起前3个月，商标权利人自商标注册之日起已存在连续5年或更长的时间不使用注册商标的，则任何利害关系人可以向南非公司与知识产权局或高等法院申请对该商标予以撤销。

针对利害关系人申请商标予以撤销的请求，官方机构应当首先对该商标在过去5年的实际使用状况进行调查，若发现该商标的确没有实际使用的情形，则官方机构向被撤销人发送要求函，要求其在7~10天提交过去5年的实际使用证据，如果被撤销人未作出相应答复，则撤销申请人提交撤销申请并提供相应证据。如果被撤销人在期限内未答复不使用撤销申请通知，则结案；若被撤销人答复，撤销申请人可再次补充证据，然后，主管机关安排双方参加听证程序并综合考虑作出裁定。①

五、中国企业在南非应对商标抢注的策略

2020年11月30日，习近平总书记在中共中央政治局第二十五次集体学习时指出，知识产权保护工作关系国家治理体系和治理能力现代化，关系高质量发展，关系人民生活幸福，关系国家对外开放大局，关系国家安全。在传统观念中认为知识产权属于一种私权，而私权与国家安全并无利害关

① 国家知识产权局知识产权保护司：《海外重点国家商标维权指南》，载 http://scjgj.fujian.gov.cn/fw/bmbsfw/202211/P020221108399980527745，2023年3月16日访问。

系。但由于当今世界各国竞争范式的转变为知识产权注入了国家安全的内涵，一是各国学会了如何实现经济的迅速增长，二是包括核技术在内的军事科技也远比从前具有破坏性。① 由于这种竞争模式的转变，国家间顶尖企业以及关键行业的竞争成了国家间竞争的主要表现形式，因此知识产权的保护逐步成为国家安全的重要组成部分。同样，中国在南非甚至整个非洲地区进行投资时，知识产权的保护成为企业海外风险防控、维护国家安全的重要因素。

（一）做好商标海外注册战略规划

我国企业计划在海外进行贸易活动时，首先应当了解当地的商标注册制度，应当至少提前 5 年作出商标注册的规划，了解当地对于商标注册的文件要求以及注册流程，选择更加合适的方式在当地进行商标注册。同时也要注重商标的后续维护，注意当地对于商标的保护期限以及时进行续展或者重新注册，避免被他人恶意抢注或使用。比如南非当地的一标一类申请制度以及单一的国家注册方式，加之南非当地的商标注册工作人员的缺乏，就导致南非的商标注册效率很低，因此在企业进入南非以前尽早进行商标注册尤为重要。在商标注册过程中，应进一步了解与之相关的国际条约的规定，目前我国同南非共同加入的国际条约包括《Trips 协定》以及《巴黎公约》，积极运用国际条约的相关规定保障我国法律主体商标利益最大化，例如是否在商标注册时适用优先权。此外还应当注意目标国家对于商标权的保护期限，以便在合理期限内及时进行商标续展，防止有侵权意图的主体趁机对商标进行抢注。

（二）及时关注全球商标公告

关注发布的商标受理公告以及注册公告，若存在自有商标被他人抢注的情形，应当及时在公告期内向相关部门提出商标异议或者宣告商标无效。在此过程中，我国企业均需要提供相应的证据证明其为真正的商标所有权人以及他人侵权的证据，由于某些证据可能会随着时间的推移灭失或者难以取证，因此商标所有权人在商标注册或者使用之初就应当对这些证据进行保全并予以公证，提高其公信力。比如对使用注册商标的商品投放市场进行公证；对商标进行大规模的广告宣传是使用该商标的直接有力证据，因而对涉

---

① 朱雪忠、代志在：《总体国家安全观下的知识产权安全治理体系研究》，《知识产权》2021 年第 8 期。

及使用该商标的电视媒体、网站资料、户外广告、专场活动均可以申请办理公证，以固定证明使用商标的证据。①

（三）关注南非未来商标制度的发展趋势

目前南非加入的国际知识产权保护的组织及协议主要有世界知识产权组织、《Trips 协定》以及《巴黎公约》等，对于非洲的区域性知识产权保护组织尚未加入。2021 年 1 月 1 日，非洲大陆自贸区正式启动，非洲大陆自贸区的成立是创建非洲共同市场的关键一步，可以为中非经贸合作提供更大市场和广泛合作空间；② 目前非洲大陆的所有国家都已经加入《非洲大陆自贸区协定》，该协定的内容涵盖了货物贸易、服务贸易、投资、知识产权、竞争政策和争端解决等方面，未来在非洲大陆自贸区内部极有可能会出现一个统一的商标管理制度，在这种形势下，我国企业在南非以及非洲大陆自贸区其他成员国进行商标注册及保护时应当适用该种制度，这样能极大地提高商标的保护效率。

（四）通过双方协商和解的方式拿回商标权

面对当前矛盾纠纷主体的多元化、类型的多元化以及诉求的多元化，我国积极倡导大力建设多元化纠纷解决机制（ADR 制度），使得化解矛盾纠纷的思路、方法、措施、途径等也多元化，倡导摒弃以往一元化的纠纷解决方式。习近平总书记指出，建立“一带一路”争端解决机制和机构，要坚持共商共建共享原则，依托我国现有司法、仲裁和调解机构，吸收、整合国内外法律服务资源，建立诉讼、调解、仲裁有效衔接的多元化纠纷解决机制，依法妥善化解“一带一路”商贸和投资争端，平等保护中外当事人合法权益，营造稳定、公平、透明的法治化营商环境。③ 同时南非在 20 世纪八九十年代就已经开始大力建设多元化纠纷解决机制，以传统非洲社会的协商机制为基础，紧跟世界纠纷解决机制的发展趋势，创造了独特的南非 ADR 制

---

① 黄红丽：《公证在注册商标未使用情形下商标侵权纠纷中的作用》，《中国公证》2012 年第 8 期。

② 朱伟东：《〈非洲大陆自贸区协定〉的背景、挑战及意义》，《河北法学》2020 年第 38 期。

③ 习近平：《思想再解放改革再深入工作再抓实 推动全面深化改革在新起点上实现新突破》，载 https：//news. 12371. cn/2018/01/23/ARTI1516708069083205. shtml，2023 年 3 月 16 日访问。

度。①无论是法院纠纷的解决，抑或家事纠纷、商事纠纷、劳动纠纷的解决，南非的多元化纠纷解决机制都已经发展得相当成熟。因此，应当充分利用和解协商的方式来维护自身的合法权益，以更低的经济成本和司法成本来保障更大的利益。

通过双方的协商、和解与谈判是夺回商标权的首要选择，不仅有较大的概率拿回商标权，还有可能为双方开拓合作途径。例如 2004 年具有较大影响力的“海信与西门子商标纠纷案”，德国西门子公司就 HiSense 一商标先在德国申请了商标注册，而后又申请了马德里国际商标注册和欧共体商标注册，使得海信商标在欧盟注册受阻，难以进入欧洲市场。自 2002 年底，海信集团就与西门子公司多次就该商标的抢注和转让问题进行磋商，海信集团表示愿意以 5 万欧元的价格将商标赎回，然而西门子公司却要求海信集团支付 4000 万欧元的商标转让费，至此双方的谈判陷入僵局，随后西门子公司将海信集团告上了法庭。此案件在国内引起了轩然大波，在中国政府的支持下，海信集团派出律师积极应诉，最终双方以 50 万欧元的价格达成和解，西门子公司承诺将 HiSense 商标转让给海信集团，并且双方表示，未来会积极寻求合作，共同促进事业的发展。

（五）主动更换商标并重新进入国际市场

如果我国商标权利主体无法通过以上途径拿回自有的商标，可以考虑通过更换商标的方式重新进入国际市场。实际上通过协商或者诉讼的方式拿回商标就要花费一定的时间和成本，且成功与否更未可知。在此种情形下，商标权主体主动更换商标，重新注册一个同原商标具有一定联系的商标不失为一种好的方法，此后在目标市场内加大宣传力度，逐步增加新商标的声誉，同时也要注重商品和服务的质量，也能很快重新进入市场。

其中最为成功的案例莫过于联想公司，目前我们所见到的联想的商标为 lenovo，实际上联想最初的商标并非如此。2001 年时，联想开始在全球进行发展，却发现其英文商标 Legend 在全球已经被 100 多家公司注册使用，其领域遍及娱乐、汽车等行业。如果联想公司继续使用该商标就属于侵权行为，并且在一定程度上会损害商标的声誉和企业的形象。起初联想公司试图通过转让的方式重新拿回商标权，但是发现需要跟 100 多家公司进行协商谈判，并且转让费也不菲，于是便放弃了协商。在 2003 年，联想宣布将商标

① 许林波：《南非 ADR 制度发展述评》，《司法改革论评》2016 年第 1 期。

Legend 更换为 lenovo，重新进入国际市场发展，目前联想公司所更换的新商标已经成为我们所熟知的商标。

（六）政府加强协助维权力度

当前商标抢注已经逐步发展成为一条产业链，世界各国也越来越重视知识产权的维护以及知识产权环境建设。我国知识产权保护起步较晚，部分机制尚不完善，近几年来我国知识产权领域蓬勃发展，企业对外投资力度也不断加大，有关于知识产权的纠纷也在逐年增长。对于有些中小企业来讲，进行商标海外维权存在一定困难，当前我国所现有的商标维权平台尚无法满足所存在的纠纷需求，因此我国政府及相关部门应当加强商标海外维权协助力度。

第一，可成立海外知识产权纠纷指导专家库和公益律师团队，帮助我国企业提高海外遭遇商标等知识产权纠纷的解决效率和质量；第二，可以加强建设海外知识产权纠纷数据库和数据分析机制，向对外投资企业提供知识产权纠纷防控和风险预警；第三，不断完善海外知识产权维护平台信息，对于重点国家编制企业海外商标注册和维权手册，指导企业有效保护商标权益；第四，开展商标海外风险防控宣传会议，向企业讲解目标国家法律法规，切实提升企业海外布局、纠纷应对、主动维权的意识和能力。

南非反腐败法律制度评述

郭 炯 康洁丽*

摘要：南非构建了相对完备的反腐败法律制度，其反腐败法包括国内法和国际法双重渊源。为全面预防和打击腐败行为，南非设置了专门的反腐败机构，包括南非特别调查组、金融情报中心、优先犯罪调查司等机构，负责对腐败犯罪进行调查与指控。从特点上来看，南非对腐败行为的认定范围相对宽泛、司法实践中入罪标准较低、企业的反腐败法律责任较重、对跨国商业贿赂行为惩处力度较大。因此，中国企业需要针对当地的政治、经济和法律环境进行全面分析和应对，以制定合理的法律风险防控策略。

关键词：南非；反腐败法；法律风险

引言

2022 年 8 月 29 日，南非政府成立国家反腐败咨询委员会，就政府和民间社会（包括私营部门）有效实施反腐败战略向总统提供建议，标志着南非加大打击腐败力度的决心。自 2004 年南非颁布《预防和打击腐败活动法》以来，构建了相对完善的反腐败法律体系和机制，扩大了对腐败犯罪行为的认定范围并加大了处罚力度，导致我国企业面临的法律风险大幅上升。因此，为保障中国与南非经贸合作的顺利开展，本文拟对南非反腐败法律制度进行分析评述，以期对中国企业赴南非投资防控腐败法律风险提供行为指引。

* 作者简介：郭炯，湘潭大学中非经贸法律研究院研究员；康洁丽，湘潭大学法学院硕士研究生。

一、南非反腐败法律体系

南非反腐败法律体系建立在国内法和国际法的双重基础之上。其中，国内法主要包括1977年《刑事诉讼法》、1988年《预防有组织犯罪法》、1996年《特别调查组和特别法庭法》、1999年《公共财政管理法》、2001年《金融情报中心法》、2003年《市政财政管理法》、2000年《受保护披露法》、2004年《预防和打击腐败活动法》、2008年《公司法》等法律。1994年，新南非成立后开始融入国际社会并加入了一系列国际反腐败公约，包括2004年与2005年先后加入的《联合国反腐败公约》与《非洲联盟预防和打击腐败活动法》。

(一)《预防和打击腐败活动法》

《预防和打击腐败活动法》(以下简称为PRECCA)① 是南非反腐败的基本法律，该法于2004年4月28日颁布，取代了南非1992年《反腐败法》。PRECCA包括7章37条，旨在加强预防和打击腐败行为，其明确定义了各种形式的腐败行为，包括但不限于行贿、受贿、贪污等腐败行为，其适用主体包括个人、组织等。PRECCA规定了对腐败行为的严厉刑罚，包括罚金刑和监禁刑，以确保对腐败行为的惩罚力度。此外，PRECCA还规定了对涉嫌腐败行为的资产追溯，即允许司法部门追回腐败所得，以及在调查、起诉和审判腐败案件时适用相应的法律程序。此外，PRECCA鼓励公众和员工积极举报腐败行为，并提供了相应的举报保护措施。实际上，南非的内部举报取得不少的实效成果，其在警察、教育、司法、监察、监狱等政府部门及各省内部所设立的腐败举报热线向来是南非打击腐败活动最为重要的途径。②

2017年11月，南非对PRECCA进行了修改③，包括：(1) 引入了“好处费”的概念，并明文规定“南非不允许收取好处费”。(2) 在第18条中增加以下条款并将下列行为规定为犯罪：与证人、举报人和会计专业有关的不可接受的行为；劝阻他人举报PRECCA规定的行为；以及使得举报人或

---

① 南非政府官网：https：//www. gov. za/documents/prevention - and - combating - corrupt - activities - act - 0，2023年10月10日访问。

② 余凯、孙牧欣：《典型国家与地区的反腐败举报制度之比较》，《广州大学学报(社会科学版)》2017年第3期。

③ 南非司法和惩教服务部网站：https：//static. pmg. org. za/PreventionCombatting CrimeBill. pdf，2023年10月10日访问。

证人受到不公平、非法或歧视性待遇。（3）在国家财政办公室内建立一个名为“投标违约者登记册”的注册机构。（4）扩大第28（1）（a）条的范围，以期让投标违约者登记名册效力适用于除与投标和合同相关的其他所有腐败犯罪。PRECCA的修正法案在一定程度上再次扩大腐败活动的打击面，“好处费”的范围、“投标违约者登记册”的规范以及更为严格的企业法律责任，都更明确地表明南非打击腐败活动犯罪的决心。

（二）《特别调查组和特别法庭法》

《特别调查组和特别法庭法》① 于1996年11月20日实施。依据该法，南非成立了特别调查组（Special Investigating Units，以下简称SIU）和特别法庭（Special Tribunals）。该法明确了SIU的职责、权力和调查程序，以保证其独立和专业性。SIU由专业的调查人员、律师等组成，主要负责调查涉及公共利益领域的腐败犯罪，包括政府部门、公共机构、国有企业以及私营部门等与公共资源和资金相关的严重不当行为或渎职行为。此外，该法授权SIU采取一系列措施，包括追回不法所得和向特别法庭提起法律诉讼，以保护国家财产并惩治腐败行为。此外，该机构还与其他执法部门、反腐败机构等合作，共同打击腐败行为。SIU在调查过程中发现的犯罪证据可以直接提交给国家检察机关进行起诉。特别法庭专门审理由SIU调查的腐败案件所附带的民事事项，以确保对腐败行为的迅速高效处理。据SIU 2021—2022年度工作报告，特别法庭审理了54起案件，合同价值为99亿兰特。《特别调查组和特别法庭法》通过设立SIU和特别法庭，以鼓励SIU与其他执法机构、部门等合作，共享调查信息，以加强对腐败行为的打击，保护公共利益和国家财产。

（三）《金融情报中心法》

《金融情报中心法》（以下简称FICA）于2001年12月3日颁布，② 以打击腐败并规制洗钱犯罪活动及可能被用于洗钱目的的机构和人员。FICA的出台标志着南非在打击洗钱犯罪方面迈出了新的一步。③ FICA建立了金融情报中心（Financial Intelligence Centre，以下简称FIC）和洗钱咨询委员

① 南非政府官网：https：//www. justice. gov. za/legislation/acts/1996 – 074. pdf，2023年10月10日访问。

② 南非政府官网：https：//www. gov. za/documents/financial – intelligence – centre – act，2023年10月10日访问。

③ 洪永红：《南非〈金融情报中心法〉评析》，《西亚非洲》2003年第6期。

会，以取代金融行动特别工作组（FATF）。FICA 先后于 2008 年和 2017 年进行修订，其中 2017 年修正案扩大了金融情报中心的职能，规定进一步分享信息，以协助执行金融制裁，协助打击包括腐败在内的上游犯罪，并根据联合国安全理事会通过的决议实施制裁措施。值得注意的是，2017 年修正案取消了反洗钱咨询委员会，决定采用基于风险的方法识别和核实客户，加强对客户的尽职调查措施，包括对实际所有权和身居要职者的调查，通过监督金融交易来阻止腐败分子将不法资金流入金融系统。此外，FICA 还规定了个人向金融情报中心 FIC 报告的义务，FIC 也可向指定法官申请命令，要求负责机构按照命令所载的条件和方式向 FIC 报告特定个人或账户完成的所有交易等。

二、南非反腐败机构设置

为了对腐败犯罪进行调查和指控，南非设置了专门的反腐败机构，主要包括 SIU、FIC、优先犯罪调查司（Directorate for Priority Crime Investigations，以下简称 DPCI）① 等机构，这些机构共同组成了南非反腐败工作小组（Anti－Corruption Task Team，以下简称为 ACTT）。ACTT 是一个由政府利益相关者组成的集体，负责进行政府反腐败工作，旨在通过多学科和综合行动方法快速跟踪对腐败相关事项的高度优先调查和起诉。② ACTT 由优先犯罪调查司司长担任主席，并由国家检察长（NDPP）共同主持工作，首要任务是根据反腐败立法和政策，以高效迅速的程序对腐败行为进行调查起诉，以加强对腐败行为的实效打击。

（一）SIU

SIU 是南非政府设立的独立法定专门调查机构，成立于 1996 年，根据《特别调查组和特别法庭法》设立。SIU 的主要任务是调查关于国家机构、国家资产和公共资金管理中的腐败、渎职和执法不公的严重指控以及可能严重损害公众利益的任何行为，并通过诉讼追回国家机构遭受的经济损失。SIU 在调查中发现任何不当行为时有权直接纠正，其通过行政和司法手段处理腐败案件，并致力于追回腐败所得，以保护国家财产不遭受损失。根据

---

① DPCI 又称为“Hawks”。

② 南非政府官网：https：//www. gov. za/AntiCorruptionTaskTeam，2023 年 10 月 10 日访问。

SIU 的 2021—2022 年度报告，SIU 各项绩效都取得显著成就，其中包括对 Transnet 案，Eskom 案，卫生部门以及与个人防护装备采购有关的腐败、管理不善等方面的调查。此外，SIU 对价值超过 1400 多亿兰特的 5345 份有问题的合同进行了调查。其中，发现违规金额占 64%，防止潜在损失超过 1000 万兰特，其可能返还给国家的资金总计超过 8000 多万兰特。

（二）FIC

FIC 成立于 2002 年，旨在打击洗钱、腐败等经济犯罪活动，其职责包括搜集、分析和处理与经济犯罪相关的情报，并通过合规监督金融机构保护公共利益和维护金融系统的稳定。FIC 在预防和打击腐败方面扮演着关键角色，通过数据分析、合作调查等手段，为南非的反腐斗争提供了重要的支持。同时，FIC 也定期发布有关经济犯罪活动的统计数据和报告，为政策制定和执法提供了重要参考。据 FIC 的 2021—2022 年度报告，FIC 编制了 3114 份情报报告，协助追回 50 多亿兰特的犯罪收益。与此同时，FIC 还改进了收集和共享情报的综合方法，这也是南非有效打击腐败下游的洗钱和其他金融犯罪的关键因素。FIC 向融合中心的执法和调查机构提供金融情报，其中包括南非警察局优先犯罪调查司、国家检察机关和南非税务局等。

（三）DPCI

DPCI 隶属于南非警察局，于 2009 年 2 月 20 日依据 2008 年《南非警察服务法修正案》第 17 条 C 款设立。作为南非警察局的一个独立部门，其主要任务是打击腐败犯罪、有组织犯罪以及其他经济犯罪。DPCI 是南非政府打击犯罪的重要组成部分，其旨在通过专业的调查行动，力求维护社会的公平和正义。南非宪法法院首席大法官莫戈恩在 Glenister 案中，重点探讨了《南非警察服务法》是否符合“建立足够独立的反腐败机构”的宪法义务，鉴于 DPCI 需要享有足够的结构和运作独立性，以高效地履行其核心职责，莫戈恩进而指出 DPCI 应当成为一个独立的反腐败机构，但 2012 年《南非警察服务法修正案》并未进行明确规定。尽管如此，在司法实践中 DPCI 仍承担着调查涉及腐败案件的工作，包括涉案金额超过 5600 万兰特的纳尔逊曼德拉湾（Nelson Mandela Bay）案，该案中 9 名前市政官员因腐败、洗钱和欺诈被 DPCI 逮捕并起诉。

三、南非反腐败法律制度的特点

南非建立了相对完备的反腐败法律制度。另外，南非对腐败的定义相对宽泛，其入罪标准较低且缺乏更加具体的法律条文约束。而且南非对企业反腐败责任也颇为重视，企业需严格遵守法律规定以预防腐败犯罪。

（一）南非反腐败法律制度完备

南非反腐败法律的渊源可以追溯到南非种族隔离时期（1948—1994年），当时的政府严重腐败。1994年成立新南非政府后，南非面临资源分配不均和就业岗位不足等问题，部分人采取腐败手段谋取不正当利益。为解决腐败问题，南非出台了一系列的反腐败法律，构建了以《预防和打击腐败活动法》《特别调查组和特别法庭法》《金融情报中心法》为主，以《刑事诉讼法》《预防有组织犯罪法》《公共财政管理法》《市政财政管理法》《受保护披露法》《公司法》等为辅的反腐败法律体系。这也为南非政府打击腐败犯罪活动提供了法律依据，有效地遏制了南非日渐猖獗的腐败犯罪。此外，南非还建立了多个专门机构来应对腐败问题，其中就包括SIU、FIC、DPCI等机构，作为独立的反腐败调查机构，其承担了调查和起诉腐败行为的职责，在反腐败斗争中扮演了重要的角色，通过独立调查机制保证了对腐败行为的公正审查，为追求公正正义提供了坚实保障。① 反腐败机构共同合作，通过信息共享和协作来加强对腐败犯罪行为的打击。DPCI负责刑事追诉，SIU负责调查政府机构内部的腐败行为，而FIC则负责监督金融体系以防范洗钱，从而形成了一个相互协调的反腐败机制。

（二）南非对腐败行为定义宽泛

根据PRECCA对腐败的定义：任何人或者任何机构在违反其法定职责的情况下，以获取利益为目的，故意或恶意地实施某种行为或不作为，而这种行为或不作为违反了其法定职责的要求，或者在没有法定职责的情况下，以不正当手段获取利益；或为了获得利益而实施某种行为的情况，从而导致或可能导致社会经济或公共利益的损害。2012年，南非上诉法院在审理Selebi一案中指出，《预防和打击腐败活动法》第4条第1

---

① 郭典：《金砖国家腐败状况评价及反腐趋势研究》，华中科技大学2014年硕士毕业论文。

款关于腐败犯罪的认定，应具备以下三个要素：（1）给予或者接受的行为。在腐败犯罪构成要素中，这一行为涉及贿赂行为的行贿方和受贿方，即一方提供利益以影响另一方行为或接受他人利益改变其行为。（2）非法性。尽管 PRECCA 没有明确规定腐败定义中的非法要素，但事实上，这是南非法律规定的任何罪行的基本要素，这也是区分正常商业行为和不正当腐败行为的关键要素。（3）犯罪目的。腐败属于故意犯罪，过失无法成立犯罪。整体而言，南非对腐败的认定相对宽泛，入罪标准较低，缺乏更加具体的法律条文明确规定，且并未考虑各种情况下贿赂行为的特殊背景和社会法律观念，容易对贿赂行为一概而论，缺乏灵活性，难以保证对腐败犯罪的精准和全面打击。

（三）企业反腐败法律责任较重

在南非，企业反腐败法律责任具有极为重要的意义，其制定了一系列反腐败法律，要求企业严格遵守社会责任和法律规定以预防腐败犯罪。严格来说，南非法律规定了企业反腐败法律责任的具体要求，其对违反反腐败法规的企业规定了严重的法律后果，包括高额罚款和企业管理人员的刑事起诉。根据 PRECCA 第 26 条关于一般腐败犯罪的规定，其区分法院主体而对最高刑罚进行规定：（1）如果是由高等法院受理的案件，可处罚款或终身监禁；（2）如果是由社区法院受理的案件，可单处或并处 5000 万兰特以下的罚款或 18 年以下的监禁；（3）如果是由裁判法庭受理的案件，可单处或并处 1000 万兰特以下的罚款或 5 年以下的监禁。具体而言，如果有人被定犯腐败罪行，各级法院可以根据情节的严重程度享有管辖权，决定是否判处罚金、监禁，或者两者兼施。与一般腐败犯罪相比，企业的反腐败法律责任更重。公司的高层管理人员和涉案员工可能因为参与腐败行为而面临刑事起诉。此外，南非政府加强了对企业的监督和审查，以确保其遵守反腐败的相关法律。因此，南非企业必须高度重视反腐败法律，建立健全的内部控制机制，培训员工遵守法律法规，以确保其在经营过程中不涉及腐败行为，保护企业的声誉和合法利益。

此外，南非要求企业遵守严格的法律规定，禁止行贿、受贿以及任何与腐败行为相关的活动，违反反腐败法的企业可能会面临巨额罚款，这不仅会对企业的财务状况产生重大影响，且企业管理人员和涉案员工还可能因此面临刑事起诉，严重的可能会面临“牢狱之灾”。另外，一旦企业被指控或判定有贿赂行为，其声誉也将受到严重损害，对其客户关系、股东信任以及市场地位造成不可挽回的损失。

四、对中国企业的启示

2018 年非洲联盟第 30 届峰会提出“赢得反腐败斗争的胜利是一条非洲转型的可持续之路”，南非自此把惩治腐败犯罪提高到国家治理的最高层面，加强了对腐败的打击力度，也加强了对外国投资者的审查和监管。南非的反腐败形势对外资企业的投资产生了一定的影响和挑战。2023 年 8 月 22 日，国家主席习近平在比勒陀利亚总统府同南非总统拉马福萨会谈中指出，要携手推动中南全面战略伙伴关系不断迈上新台阶，携手构建高水平中南命运共同体。在全面深化中南经贸合作关系的背景下，中国企业应当针对当地的政治、经济和法律环境进行全面分析，以制定合理的投资策略和法律风险防控措施。

（一）提升防范腐败风险的认识

中国企业应当加强反腐败教育和宣传，提高员工对腐败行为的认识和识别能力，让其了解并接受所有相关公司政策的培训，尤其是必须为“高风险市场或业务单位的员工”提供专门的培训，“高风险业务伙伴”也应当接受相应培训。事实上，每个有可能通过贿赂或其他不正当手段获得利益的主体都应该接受反腐败培训，并考虑对所有会计、财务、法律和内部审计员工等进行职工培训。它不仅有助于提高对商业企业的程序的认识和理解，以及对该企业对其正确应用的承诺，还可以提供信息有助于更有效地监测、评估和审查预防贿赂程序。与此同时，企业应当建立举报机制，并对举报人给予保护和奖励。各企业高层应创造优质的工作环境，让举报人可以自由地揭发违法行为而不必担心遭到报复。也就是说，需要提高企业成员对举报的认识，通俗来说就是举报人必须知道什么时间、在什么地方、以什么方式进行举报，并且需要保证其举报人的身份的保密程度以及其举报后的保护措施等。正如南非《受保护披露法》所规定的，雇主有义务为举报人建立报告违法行为的制度，并将该制度告知雇员。此外，举报人的身份需要严格保密，并且对其可能遭受的报复实施必要的保护措施。

（二）建立企业反腐败合规制度

南非商业环境存在一定的不确定性和不透明性，例如反腐败政策的频繁变更、执法的不确定性等。首先，中国企业应当制定并执行一套完善的合规管理制度，以确保企业的运营符合南非当地的法律法规和商业伦理，企业应当建立合规部门或聘请专业合规顾问，为企业提供有关合规管理的指导和支持。此外，企业应当建立一套完善的反腐败合规制度，其中应当包括南非当地的反腐败法律法规，并在符合法律法规的前提下，采取合理的应对措施。其次，中国企业应该制定和实施一套内部合规标准和流程，以确保企业的合规经营。企业可以参考国际上通用的合规管理标准，如 ISO19600 标准。中国企业可以建立一个专门的反腐败合规部门或委员会，负责制定、实施和监督企业的反腐败合规管理制度。该部门或委员会应该由专业的合规人员和业务人员组成，以确保反腐败合规管理制度的有效性和实施效果，通过雇佣或咨询专业法律团队，以确保企业的投资项目符合南非的反腐败法规和国际反腐败公约的相关规定。

（三）健全定期尽职调查的机制

不容置疑的是，尽职调查是减少腐败风险工作的关键组成部分。从政府执法机构的角度来看，它也符合有效的反腐败合规计划的要素。此外，有效的尽职调查可以避免潜在的惩罚。如果一家公司因其雇佣的第三方的行为而面临不当行为指控，其充分的尽职调查和证明文件可能会大大抵消潜在的处罚，其也完全可以作为辩护理由。换句话说，各企业对其商业伙伴、代理人、供应商和服务提供商以及雇员进行有效的尽职调查也非常重要，所有这些个人和实体不仅会给企业带来腐败风险，也会带来盗窃、欺诈和其他商业犯罪的风险。所以应当遵循基于风险的比例方法，并根据所涉个人或实体对组织构成的具体风险进行充分的尽职调查。在尽职调查过程中，有许多环节，比如：直接要求提供相关个人的背景、专长和业务经验的细节，然后通过研究、证明人核查等方式进行核实；进一步的程序可能包括背景筛查，如负面的媒体报道与政治人物的联系等。为了进行更全面的尽职调查，还可以对关键利益相关者进行访谈以及账户进行司法审查。此外，尽职调查程序也可以以相关个人或实体对组织构成的风险为指导进行区分调查，即对于低风险的个人和实体可以进行基本的背景审查，而对于高风险的个人和实体则应采用更全面的尽职调查程序。

还需注意的是，公司的业务会随着时间的推移而变化，其经营环境、客户的性质、管理其行为的法律以及行业标准也会发生变化。① 因此，企业实施的反腐措施必须不断更新，以确保其长期有效。监测和审查企业反腐计划的过程绝不应被忽视，因为它还反映着该计划是否按预期运行并识别任何新的风险。

（四）强化事后风险的应对和控制

南非是中国企业主要的投资目的地之一，其国内市场规模庞大，但法律的稳定性和司法的延续性存在一些问题。例如，一份来自南非商业伦理协会（Business Ethics Network of Africa）2019 年的报告指出，政府采购中存在贿赂和不正当竞争问题，这都可能对中国企业参与政府采购项目时的竞争环境产生负面影响。总的来说，南非的外资政策不太稳定，且政府内部存在腐败问题，如果其政府采购领域都存在一定的腐败风险，包括不透明的招标程序、虚假报价等，这会增加中国企业在南非经营的法律风险，这对企业的经营和发展都会造成巨大影响。正如国际社会近期所强调，各企业有必要定期进行反腐败合规风险评估，尤其是在进入新市场或公司收购等可能对业务运营产生重大影响的事件之后。此类事件通常会引入新的内部控制、独特的管辖权要求、新的业务合作伙伴和第三方关系等，每一个事件都可能带来新的或更高的腐败风险。一旦造成不顺人意的结果，对于企业本身的国际声誉损失无法在短期内得到弥补。对此，中国企业需要积极了解南非的反腐败法律规定，通过识别高风险行为，采取合理且有效的措施，以最大限度地降低企业违规风险。

五、结论

随着中国企业对外投资的不断增加，海外反腐败问题已成为中国企业在海外经营的重要难题之一。南非作为共建“一带一路”的重点国家，有大量的中国企业在南非投资经营。通过分析南非反腐败法律制度帮助中国企业了解其反腐败法律制度及其监管执行情况，促进中国企业更好地遵守当地法律法规，减少腐败法律风险，提高企业治理水平，增强企业在南非的竞争力，为中国企业在海外投资提供经验和启示。中国企业应当建立有效的合规管理制度和健全的举报机制，为员工和利益相关者提供举报渠道，及时发现和处理不当行为，采取更加主动和灵活的经营策略，以适应南非反腐败形势

① 韩哲：《论商业银行信用风险管理》，《现代商业》2007 年第 17 期。

的变化。这不仅有助于中国企业在南非投资过程中提高风险意识和法律合规能力，促进中国企业在南非市场上的可持续发展，也有助于中非经贸合作的顺利进行。

赞比亚环境影响评价中的公众参与及其风险规制*

黄星永　张峰豪**

摘要：在环境影响评价的过程中，公众参与占据着重要的地位，可以直接影响项目的成败。考察赞比亚环境立法中相关公众参与的规定，发现其公众参与具有覆盖全过程、相关利益者范围大和重视传统领导者与土著的特点。相关案例显示企业在进行具体实践中，因为与当地的信息不畅通，没有完整筛选相关利益者和没有正确对相关利益者分级等原因，经常会导致非正式参与、引发传统观念的反对与决策缺乏科学性等一系列风险，严重影响项目开发的正常进行。因此，在赞比亚进行投资的企业应当建立信息畅通机制，改善相关利益者的筛选机制和营造良好的社会形象，使其避免公众参与引发的风险，确保投资项目的正常进行。

关键词：环境影响评价；公众参与；法律特色；社会风险；企业建议

引言

随着国际环保理念的发展与可持续理念的传播，环境保护成为全世界的共识。而环境评价对环境保护有着重要的意义，可以避免环境的进一步破坏，可以寻找对环境更加友好的开发方法，成为每个国家进行项目开发必不

* 基金项目：国家社科基金：“‘一带一路’倡议下中非劳资纠纷的预防和解决机制研究”（项目编号：21FXB158）、湖南省社科基金：“湖南自贸试验区背景下湘（中）非产能合作中的劳动法律风险应对研究”（项目编号：20YBA085）。

** 黄星永，湖南工程学院副教授，硕士生导师，研究方向为劳动法；张峰豪，湘潭大学法学院硕士研究生，研究方向为非洲法。

可少的过程。而在环境评价中公众参与有着重要的作用。因此赞比亚制定的《环境管理法》与《环境评估条例》都明文规定了公众参与的相关内容，如果没有进行公众参与将无法得到环境许可证。而在具体实施中，如果企业没有合理让公众参与，就算得到环境许可证也会引发公众的不满，最终导致项目失败。如卢萨卡地区东部 27 号森林开发项目，即使取得了环境许可证，但由于没有安抚好当地的居民，导致其当地居民两次起诉开发企业——赞比亚空军项目有限公司，导致这个项目最终被叫停。而黑山项目也是在所有证件齐全的情况下，由于没有考虑到当地拾荒者的利益而引发了黑山动乱，导致现在黑山项目陷入停滞。这些失败的案例提醒想要在赞比亚投资的企业和个人，必须重视公众参与这个关系到项目成败的重要因素。

一、赞比亚环境影响评价中公众参与的法律规定

环境影响评价主要是对建设项目实施之后对周围环境的影响进行预测和估算，并根据可能出现的环境污染问题建立防范措施，避免周围居民生活受到影响。[①] 而公众参与这个过程中，可以为环境评价提供大量信息，提前消弭项目可能引发的冲突，提高决策的民主性与科学性，所以公众参与对环境影响评价有着重要的作用，对此赞比亚政府也通过立法来进行保护。

（一）赞比亚公众参与的法律规定

作为赞比亚的根本大法，《赞比亚共和国宪法》并没有对公民享受什么具体的环境权利的陈述，仅仅是在序言中提出“为今世后代保护、发展和利用其资源的方式处理国家事务”。自然也没有公众参与环境的相关规定。但《赞比亚共和国宪法》序言规定了公众参与国家事务的有关权利：决心确保人人有权充分、不受阻碍地参与自己政府的事务，并决定自己祖国的命运，而与公众最息息相关的国家事务就是公民所生活的环境。这一条为赞比亚公众参与环境管理提供了宪法上的依据。

1997 年出台的《环境评估条例》中，将环境影响评价分为四个步骤：第一步是制定职权范围（TOR）；第二步是进行影响评价；第三步是制定缓解措施，包括制定备选方案；第四步是提交到赞比亚环境理事会（EZC）并进行公开。在第一步和第四步中，法律规定了公众参与的相关条款。《环境

---

① 吴凯奋：《环境影响评估中公民参与的重要性》，《化工设计通讯》2018 年第 44 期。

评估条例》将传统领导人和机构、一般公众和顾问列为主要参与者并且规定“开发商的职责包括编制项目文件、完成环境评价、满足公众对环境评价的建议和公众或相关利益者（IAP）期望产生的管理要求”。这些规定使开发商在制定职权范围前要实施一些具体的措施来听取公众的建议，如举行听证会，为他们提供表达其关注点的机会，并且后面要进行公示。否则就会触犯法律，导致环境评价报告不被通过而无法使得项目顺利进行。

2011 年出台的《环境管理法》更是将公众参与独立成章。第 91 条规定公众有权了解公共机构制定环境政策的意图，公众有权参与制定环境政策、战略、计划和规划，并参与制定与环境有关的法律和法规，环境管理署和有关权力机关应建立收集和回应公众意见、关注与环境有关的问题的机制，包括公众辩论和听证会；规定了制定环境政策前和环境政策制定过程中都要预留下专门的渠道来让公众参与，要求政府及有关权力机关去积极引导公众参与。第 3 款中的回应一词表示相关机构在环境政策制定完后要将相关政策进行公示并回应公众的意见，接受公众监督。《环境管理法》还弥补了缺乏处罚手段导致威慑力不足的漏洞。《环境管理法》第十一章将环境犯罪单独成章，表现了立法对其的重视。《环境管理法》第 117 条规定“任何人没有按照本法的规定准备和提交项目简介和环境影响评价报告，可最高处 70 万罚金或最多 7 年有期徒刑，可并罚”；《环境管理法》第 119 条规定“任何人违反本法规定的任何环境标准或准则，可最高处 70 万罚金或最多 7 年有期徒刑，可并罚”。虽然法律没有直接对没有公众参与程序进行定罪处罚，但是根据本法第七章的规定不难看出，公众参与是法律规定的环境评价必要的准备和重要准则，所以这两条也可以覆盖没有进行公众参与的处罚，为对缺失公众参与的企业进行刑事制裁提供了法律依据。所以有关机构要根据《环境管理法》的要求，在制定环境开发计划的时候将公众纳入进来，听取公众意见，否则就会无法取得环境许可证，甚至要面临罚款和监禁。

（二）赞比亚公众参与的法律特点

赞比亚环境相关法律与政策对公众参与的规定较为齐全，而且有其独特性。根据对法律条文的相关分析，赞比亚公众参与的特点主要为公众参与覆盖全过程、公众参与中的相关利益者范围大、重视传统领导者与土著等。

1. 公众参与覆盖全过程

《环境评估条例》在第一阶段：初步行动中明确规定开发商将开展研究的所有人员的姓名和资格提交给环境理事会批准。应优先考虑对当地情况或类似情况具有特定知识的专家。该团队应至少包括一名居住在潜在受影响区域内的人员。依据本条规定，企业在进行环境影响评价报告之前首先要组建专家组，而这个专家小组必须要有当地群众，表明在进行环境影响评价之前就要有公众参与；在评价中根据《环境评估条例》在第五阶段的规定，该团队寻求可能受项目影响的社区的观点。在制定缓解措施时考虑了所征求的意见，表明在制定具体政策时候也要咨询当地群众的意见。最后根据《环境保护法》第 91 条第 3 款规定要将制定的政策和决策进行公示。由此可见，公众参与贯穿环境评价前、中、后全过程。

2. 公众参与的相关利益者范围大

赞比亚法律对公众参与中的公众定义为“相关利益者”，而法律对相关利益者的定义范围是比较大的。分为主要相关利益者和次要相关利益者。主要利益相关者包括开发商或项目发起人、行业机构或规划机构以及欧洲经济区，而次要利益相关者包括所有公众和受到该项目影响的所有人。任何一个受该项目影响的所有公众都可以对该项目提出自己的看法。

3. 重视传统领导者与土著

传统领导者包括首领和酋长。赞比亚法律极其重视传统领导者和土著的参与。《环境保护法》第 27 条规定相关机构在制定条例的时候需要尊重、保存和保持土著和地方社区的知识、创新和做法的方法准则；促进公平分享利用土著和地方社区的知识、创新、遗传资源和做法所产生的惠益。法律如此规定的原因在于赞比亚传统观念有着极大的影响力，而传统领导者作为传统观念的代表有着极重要的地位。除此之外，传统社区在当地有数百年，对当地的生态环境有着充足的理解，并且已经使用了数百年对抗环境问题的土著知识也极具参考意义。重视传统领导者与土著不仅仅是出于赞比亚政治生态所作出的考虑，更是科学决策的要求。

二、赞比亚环境影响评价公众参与中的风险及成因

公众参与环境评价不仅仅是法律的要求，更加是现实的要求。公众参与会为企业、政府与群众之间搭起一条沟通桥梁，能够让群众了解到正确的信息，也能够将当地的信息和公众的要求传递给企业与政府，使得矛盾呈现在爆发前，能够及时消弭；并且当地群众可以将当地的详细的情况提供给企业与政府，从而提高决策的科学性。

（一）环境影响评价中公众参与不足易引发的风险

在赞比亚投资的企业如果不关注法律对公众参与的相关规定，没有充分让公众参与，易引发的风险有公众非正式参与的风险、传统观念反对的风险与决策失误的风险。

1. 公众非正式参与的风险

公众参与环境影响评价有助于在最终决定作出之前识别和解决冲突，从而促进项目实施。公众是项目的利益相关者，其利益需要理应也是必须被考虑到的。而且必须是全部公众的及所有的利益相关者的利益都应当被考虑进去，否则没有被考虑到的公众由于缺乏相关渠道表达自己的诉求，就会引发游行、示威等，最终导致项目停滞，甚至会导致修订环境影响评价程序并废除最终决定。例如，在哥斯达黎加，广泛的社会抗议导致拉斯克鲁西塔斯金矿关闭。① 2022 年赞比亚所发生的黑山混乱也是当地政府没有让全部的相关利益者参与而导致的。虽然当地政府与黑山的合作社达成协议并且移交了 30% 的股份来保证当地青年和妇女的权益，但是政府在进行相关利益者筛选时显然出现错漏，遗忘了黑山的拾荒者，将其排除在公众参与之外，拾荒者的利益诉求无法得到表达，所以采取了示威和暴力反对等来表达自己的诉求，导致黑山地区陷入混乱，正常的项目开发无法进行，最终导致所有的相关参与者的利益全部受损。

所以在赞比亚投资的企业第一步是对所有可能受到项目影响的相关利益者进行识别，确保所有相关利益者都被纳入公众参与的范围，在冲突爆发前就通过公众参与消弭冲突，防止爆发游行示威、武装反抗等。

2. 传统观念反对的风险

在赞比亚，传统的土著势力是有极大的影响力的，其地位是法律认可的。如 1965 年《酋长法》将酋长定义为总统根据该法规定被总统承认为西部省最高酋长、高级酋长、酋长或副酋长或被任命为副酋长的人。1996 年修订的现行《赞比亚共和国宪法》明确将酋长定义为具有永久继承能力，有能力起诉和被起诉，并为自己和有关人民托管资产或财产的人。

除了法律之外，传统领导者对当地投资项目的巨大影响力还来源于其经济和社会地位。赞比亚的传统土地保有权制度的基本原则是基于公共或集体所有制，通常被称为家庭土地。在习惯土地保有权制度下，土地的最终权利

① 该金矿之前已经过环境影响评价，并获得了环境许可证。

通常由基于亲属关系、部落、氏族、世系或家庭的社会团体共同持有。而这部分土地通常由当地传统首领进行分配和管理。而习惯土地占赞比亚总土地面积的54%，意味着项目开发很大可能需要占用这部分土地，那么就需要得到传统领导者的同意。而且传统领导人在当地也拥有着极大的影响力。由于赞比亚的教育普及问题，在传统地区赞比亚的文盲率偏高，导致当地群众无法理解和认知到项目开发与公众参与的意义，甚至无法获得信息，极大地依赖当地酋长，所以会追随当地的领导者作出的决定。

传统领导者属于环境管理的相关利益者的重要组成部分。任何在赞比亚进行投资和项目开发的企业都需要积极与当地领导者进行沟通与协商，尊重当地的利益诉求。如果开发商忽略了其利益诉求并且没有将其纳入公众参与范围内，就会引起当地群众的反对从而导致项目失败。

3. 决策失误的风险

公众参与可以提高决策质量的潜力，换言之，公众参与环境影响评价可以制定更加科学的决策。《环境评估条例》规定开发商在进行项目开发之前组建专家组制定职权范围。这个任务需要搜集大量的信息来得出项目将会对周围的自然环境和社会环境造成什么影响。公众参与的最重要的目的之一就是为相关部门和开发商提供信息支撑，各种利益相关者可以提供各种角度的信息，确保开发商制定职权范围的时候可以考虑到所有的相关者的信息。《环境评估条例》还规定开发商必须制定缓解环境破坏的措施。而传统社区在当地存在数百年，对当地的生态环境有着充分的理解，并且已经使用了数百年对抗环境问题的土著知识也极具参考意义。当地的土著知识对保护当地的环境有重要的借鉴意义，让公众充分参与，吸纳传统知识乃至将传统领导人纳入专家组将会对制定出适合当地环境特征的措施有着极重要的作用，作出最适合当地的环保决策。

（二）赞比亚环境影响评价中公众参与的风险成因

造成上述风险的原因有很多，主要包括公众与企业项目之间的信息不畅通导致企业与公众双方无法相互知晓其真实信息、企业筛选相关利益者机制不完善导致企业没有筛选出全部的利益相关者或者误估了某个重要的利益相关者的优先级。

1. 信息不畅通

企业没有建立高效的、畅通的信息沟通渠道，导致公众无法有效得知项目的相关信息而产生误解，企业也无法有效得知公众的想法而不能及时解决公众的问题。在实践中，企业与当地土著居民的沟通过于依靠传统领导人，虽然传统领导人被视为知识的储存者和向公众传播信息的渠道，但是有一部分人认为传统领导人往往是收入分享安排中政府收入的接收者，而这些收入往往没有用于造福社区。所以一些传统领导人可能会阻断双方的信息沟通或者公众因为种种顾忌而不会表达自己的真实意思。而又由于赞比亚文盲率较高，导致许多当地人无法看懂相关公告。种种原因会导致现有的沟通渠道失效，企业和公众双方都无法有效地得知对方的真实信息，导致企业忽略了某些重要利益相关者的意见，作出错误的决策。而公众也因为无法将自己的信息传递上去，就有可能会引发非正式参与的风险。

2. 相关利益者的筛选机制不完善

由于赞比亚法律规定的相关利益者过于广泛，再加上企业大多为外国投资企业，对当地的情况了解不深，导致企业没办法筛选出全部的利益相关者。即使企业筛选出了全部的利益相关者，由于企业人力不足，也没办法与所有的利益相关者进行平等的交流，所以必须将这些相关利益者进行分级处理，但是由于企业对当地的情况了解不足就会出现分级失误的情况。如黑山动乱就是当地政府将当地青年和妇女所拥有的合作社的等级认为是最高的，而忽略了当地拾荒者的利益。

三、赞比亚环境影响评价公众参与的因应对策

根据上述分析，我们知道了公众参与在赞比亚环境管理中占据着重要的地位，并且根据其发展趋势来看，这个地位仍然在不断提高。对于在赞比亚进行投资和工程建设的企业来说，公众参与是必须进行的一个步骤，这是法律的要求，也是项目顺利进行的重要因素。

（一）建立信息畅通机制

公众参与最核心的问题就是允许公众的真实想法被当局所听到并且接纳。公众拥有表达自己真实想法的渠道是一切公众参与的前提。

第一是进行相关信息的披露。向可能会被影响的社区提供与项目有关的所有信息，包括项目的目的、性质、规模、拟议项目活动的持续时间、对此类社区的任何风险和潜在影响以及相关的缓解措施、设想的利益相关者参与过程和申诉机制等。第二是建立常态化咨询和讨论机制。对于可能对受影响社区产生重大不利影响的项目，进行咨询和讨论，且它应涉及深入的观点和信息交流，以及有组织和反复的协商，将他们的意见纳入其决策过程。第三

是建立并维护问题反馈机制。组建专门的人员对当地社区公众发来的问题进行筛选评价，并确定如何解决，将解决方法反馈给公众，对其跟踪和记录来适当调整管理方案。此外要定期公布关于其环境和社会可持续性的报告。第四是建立申诉机制。接收并解决受影响社区对项目所造成的环境和社会影响的关注和不满。第五是持续向受影响社区报告。向受影响社区提供定期报告，说明项目行动计划在涉及持续风险或影响社区的问题。

项目开发商和企业只有建立这种双方沟通畅通机制，才能及时了解受影响群众的问题，及时解决问题，排除掉可能存在的潜在风险，避免可能发生的公众冲突。

（二）改善相关利益者的筛选机制

对于项目的投资商来说，公众指的是受该项目影响的所有相关利益者。所以开发商最重要的就是识别哪些人属于利益相关者，并且改善相关利益者的筛选机制，制定优先次序。

第一是扩大相关利益者的范围。除传统领导人和政府当局外，还包括社区成员和弱势群体。相对于传统领导人和政府外，女性、老人和流浪者等弱势群体经常被忽略甚至被排除在公众参与之外。但是这部分人的利益也应当被考虑到，如上述所说的黑山混乱，就是因为当地政府没有考虑到拾荒者的利益而造成的。而且法律对此也作出了相关规定，尤其是针对传统习惯中女性地位低的状况，要求在公众参与的女性比例最少达到30%，所以不管是法律要求还是现实要求，项目开发商在相关利益者筛选过程中要注意弱势群体的存在。第二是建立社区参与优先次序。企业应当关注所有的相关利益者的需求，但是企业能力、成本、人手等现实情况决定了要考虑优先级。企业应当根据不同利益相关者的利益大小、影响大小等制定优先次序，依次解决其意见和问题。

（三）营造良好的社会形象

企业不仅要完成法律所规定的公众参与，更要注意营造自身良好的社会形象。归因于贫穷、文盲、对问题的无知，大多数的公众其实是无法理解公众参与的意义，也无法读懂企业的公众参与制度的。公众对项目企业的支持与否来源于其朴素的价值观，来源于对其的平常印象。这个印象更多来源于企业在平常营造良好的社会形象。

第一是将改善当地群众生活环境的经费给予较小的团体合作或者直接发放到居民个人手上。传统领导人往往是环境补偿的接收者与收入分享安排中的分配者，但这些收入往往没有用于造福社区，当地群众就会认为企业并没有履行其承诺从而引发不满。① 第二是运用新媒体传播自己的负责任的良好形象。利用新媒体作为工具，促进以社区为重点的活动和企业社会责任的慈善层面，以加强与关键利益相关者的积极关系。值得注意的是企业社会责任活动必须与社会规范和价值观保持一致，以维护和获得组织合法性。赞比亚传统习惯和传统风俗较多，在宣传自己的时候要注意不要触犯当地的禁忌。第三是为当地受影响居民寻找新的经济来源。项目开发占用的土地必然会对当地居民产生影响，会使得当地的农民或者其他人丧失生活来源。企业应当为当地受影响的居民提供就业岗位，为他们提供一份长期的、可持续的收入来源，消弭由于失业而带来的社会风险。

四、结论

面临世界百年未有之大变局，非洲国家在国际社会中的地位愈发重要，加大对非投资也是我国未来的战略重心所在，而赞比亚一直是中国企业投资的重点国家之一。中国企业在非投资就是要面临当地的群众，处理好与当地群众的关系直接关系到投资的成败。本文通过对赞比亚公众参与的风险分析，为中国对赞比亚投资的企业提供了几点建议，如建立信息畅通机制、改善相关利益者的筛选机制、营造良好的社会形象。希望企业能够重视公众参与的重要性，调整自己的发展规划，维护两国友好关系，推动当地可持续发展进程，促进绿色经济发展，巩固两国经贸合作，打破西方对中国“新殖民”的污蔑，推动两国的友好发展。

① 康奈尔大学在 Mfuwe 的调研已经发现，与较小的社区团体合作，例如与妇女、青年和艾滋病毒/艾滋病感染者打交道的团体，意味着当地人的利益比他们通过酋长得到得快。

论 OHADA《调解统一法》的适用问题及其规制

余杨文卓*

摘要：新时代中非合作进入高质量发展阶段，OHADA 成员国具有统一的法律体系，了解 OHADA 的法律对于投资其成员国具有重要的意义，投资过程中难免存在争端，调解作为三大争端解决方式之一有其独到的优势，但投资者往往容易忽视其适用问题无法最大程度对其加以利用，本文从 OHADA《调解统一法》的发展、制度、特点、适用问题逐步分析该法案，并给出使用问题规制的建议，在投资者投资 OHADA 成员国并选择运用调解解决争端时能够最大限度地了解该法案并保护自己的权益。

关键词：OHADA；《调解统一法》；法律适用

一、《调解统一法》及其机构设置

2017 年，OHADA（非洲商法协调组织）颁布了最新的《调解统一法》，该法对解决民商事领域纠纷、节约司法资源具有重要意义。调解是同仲裁、诉讼并列的解决商事纠纷的三大方式之一，对于法院以及仲裁庭而言，调解有利于纠纷的多元化解决。而对于商事纠纷的个人，相较其他两大纠纷解决的方式，调解具有更容易获得满意结果、成本更加低、保密性更强、更有利于双方继续商事合作等优点。加之纵观非洲历史，非洲社会长期存在“族群”“部落”等团体结构。团体成员之间的争议以及不同团体成员之间的争议多依赖酋长或长者来调和、决定，以维持团体内部或不同团体之间的团结与安宁。因此，调解作为一种在中立的第三方协调下以求解决纷争的方式，

---

* 余杨文卓，湘潭大学法学院硕士研究生。

拥有深厚的历史渊源和传承基础。①

（一）《调解统一法》的制定与发展

1993 年，根据《非洲商法协调条约》，由贝宁、布基纳法索、喀麦隆、中非共和国、乍得、科摩罗伊斯兰联邦共和国、刚果（布）、科特迪瓦、赤道几内亚、加蓬、几内亚、几内亚比绍、马里、尼日尔、塞内加尔、多哥这 16 个西非国家组成的非洲商法协调组织（OHADA）正式成立，成为非洲本土化区域组织立法的典范，其旨在减少法律多元和适用冲突，促进商事法律统一化。

OHADA 最久远的几部统一法生效的时间在 20 世纪 90 年代末期，在其十部统一法中，除了在 2000 年后制定生效的《公路货物运输合同统一法》《合作社法统一法》《统一调解法》这三部统一法外，都在 2010 年到 2020 年之间进行了修订并废除了旧法的效力。而最开始出现对调解的规定是在 1998 年生效的《债务清偿集体程序（破产）统一法》中，该法案主要有三个目的，首先是组织破产前调解程序、预防性和解程序、重整和资产清算补救程序，以保护债务人公司的经济活动和就业，迅速恢复有生存能力的公司并在可能使债务人资产价值最大化的条件下清算无生存能力的公司，以增加债权人可收回的应收账款，并建立有担保或无担保债权的特定付款顺序。其次是确定适用于破产管理的规则。最后，确定债务人违约有关的财产和专业处罚以及刑事犯罪，它们适用于任何债务人企业的管理人员和参与程序管理的人员。基于上述第一个目的，该法案专门将第二编的第一章规定为调解，该调解相较于《调解统一法》中规定的调解而言，属于狭义的调解，二者具有相同的功能和目的，但规定了不同的适用范围，该法案中的调解仅仅适用于受特别制度管辖的法人，例如：进行信贷活动的机构、金融机构以及保险和再保险公司。该调解行为的主要目的是在上述机构遇到经济困难尚未破产之前使得债权人与债务人达成友好和解协议，以解除债务人的困难。该法案也在 2015 年进行了修订，并保留了调解这一章。第二次出现对调解的规定是在 2017 年，当年的 11 月 23 日，经所有出席的成员国一致通过颁布了迄今为止最新的统一法：《调解统一法》。该法对于调解的程序、机构以及调解协议的执行都做了详细规定，是 OHADA 国家目前为止最先进、最实用

① 朱伟东、禹果：《OHADA〈调解统一法〉解读》，《中国投资（中英文）》2023 年第 6 期。

的调解立法。

（二）《调解统一法》的机构设置

《调解统一法》对于调解员以及调解机构的规定不具有强制性，纠纷双方既可以请求调解员进行临时调解，也可以请求机构进行机构调解。调解员是指被请求进行调解的任何第三方，不论该第三方的名称和职业。而调解机构主要包括国家法院、仲裁庭或有管辖权的公共实体。因此司法与仲裁共同法院不在该法案规定的调解机构之内，但司法与仲裁共同法院有权对OHADA制定的各规则以及统一法进行统一解释，即在法院、仲裁庭、调解机构在调解过程对《调解统一法》中的相关规定有争议时，可以由法院请求司法与仲裁庭的共同管辖法院发表意见。法院和仲裁庭通常经过与当事人双方达成一致确定诉讼中止、仲裁中止的期限而使得双方避免诉讼与仲裁转而进入调解程序。但值得注意的一点是，在司法和仲裁程序中直接促成当事人双方达成和解的不适用《调解统一法》。

二、《调解统一法》的主要制度

（一）适用制度

在适用顺序上，OHADA推荐使用调解这一纠纷解决方式，但在OHADA各统一法中并不存在必须首先适用调解的强制性规定。因此，只有当纠纷的双方当事人同时选择进行调解抑或是一方向另一方发起调解邀请，且另一方同意时，才能适用《调解统一法》的相关规定对双方当事人进行调解。在适用范围上，该法可适用于任何在OHADA成员国境内的商事纠纷，无论发生纠纷的当事人是哪国国籍。但是，该法不适用于法官或仲裁员在司法或仲裁程序中，试图直接促成与各方当事人达成和解的案件。在司法或仲裁过程中，需要通过规定程序使案件进入调解阶段，才能适用《调解统一法》。在适用时间上，调解可发生在纠纷的任何阶段，在商事纠纷的初期，双方可以通过选择用调解方式解决纠纷，甚至在诉讼或仲裁过程中，经法院或仲裁庭与各方当事人协商达成一致后，确定诉讼、仲裁的中止期限后，即可中止程序并将案件提交调解。

（二）调解员选任制度

OHADA所定义的调解以及调解员与我国的定义不同。我国的调解仅适用于民间纠纷活动，平等主体之间的商事纠纷为其主要解决对象。但是，《调解统一法》所指调解包括公共机构或国家在内的争端、对抗关系或分歧达成友好解决的任何程序。按照调解机构的不同，该法将调解分为两大类：临时调解与机构调解。机构调解是指当事人应法院、仲裁庭或有管辖权的公共实体的请求或邀请进行调解，其中，法院进行的调解又被称为司法调解，仲裁庭或有管辖权的公共实体进行的调解又被称为常规调解，除上述机构以外的机构进行的调解称之为临时调解。

对于调解员的认定，《调解统一法》的规定相对宽泛，“调解员”指被请求进行调解的任何第三方，而不论该第三方在成员国内的名称和职业。因此，在调解过程中当事人切勿因质疑调解员的身份、职业而轻视任何一次调解工作。调解员一般由当事人共同选定，在双方均未提出合适人选时，可要求提供调解服务的机构推荐具有所需素质和技能的人员担任调解员，或者双方约定由指定机构直接指定调解员。在非双方约定的情况下，应考虑任命一个与双方国籍各不相同的人为调解员，同时禁止任命现时或曾经与当事人任何一方有利益冲突的第三方为调解员。在调解过程中，若当事人一方怀疑其独立性和公正性而拒绝进行调解，该调解员的职务应当中止。

(三) 调解方案的协商与执行制度

在调解程序开始时，当事人双方在选择进行调解并向指定机构寻求调解服务后，应当默认接受该调解机构的调解规则，同时当事人双方与调解第三方可参照调解规则自由商定调解的方式。如若双方当事人未就调解方式达成一致，调解员可酌情选择方式调解，但一定要符合案件具体情况以及争取最高的调解效率。为争取最高的效率，在当事人同意的情况下，调解员可邀请当事人指定专家提出意见。

在调解过程中，调解员必须遵守“公平公正、尊重当事人意愿”的基本指导原则，在与一方当事人及其律师单独或共同会面后，应尽快通知其他当事人以及其律师，保证另一方当事人的知情权。

在调解结束后，如若调解成功，则调解员可应双方当事人请求签署一份由调解产生的书面协议，该协议具有强制性效力。经双方共同请求，可将调解协议提交公证机关登记，公证员应当事人要求执行该协议所商定的内容；若当事人一方不同意进行公证的，则可以由一方当事人请求有管辖权的法院准许进行执行，法官应当在检查该协议是否违背公共政策之后发布执行令，如果 15 日之内没有任何决定则调解协议自动执行。

三、《调解统一法》的适用特点

《调解统一法》是非洲商法协调组织颁布的最新的一部统一立法，并且受到了《联合国国际贸易法委员会（UNCITRAL）国际商事调解示范法》以及其他国家先进的调解立法的影响，采纳了先进的立法思想，立法规定完善，在现实适用中实用。因此在这部法案中能看到许多《国际商事调解示范法》的影子，但纵观法案规定同样有其独有的特点。

（一）适用范围的广泛性

参考联合国贸易法委员会《国际商事调解示范法》关于“调解”的定义，即调解系当事方试图通过第三方帮助实现友好解决争议的程序，该第三方缺乏对当事方施加解决方案的权利。① OHADA《调解统一法》将调解定义为：当事各方请求第三方协助其就因法律或合同关系而产生的，或与此种关系有关的自然人或法人，包括公共机构或国家争端、对抗关系或分歧达成友好解决的任何程序。从定义来看，二者似乎没有区别，但在适用层面来看，却相差甚远。

其一，《国际商事调解示范法》有严格的国际性要求，示范法采取了与《联合国国际货物销售合同公约》相同的标准，即当事人的营业地分属不同国家，若当事双方在相同国家均具有营业地时，只要该营业地所在国不同于和解协议义务履行地或最密切联系地，该和解协议也具有国际性。若一方具有多个营业地，那么在考虑另一当事方知晓的情况下，与和解协议最密切联系的国家为其营业地所在国。若当事方没有营业地，则以当事方的居所地为准，但是值得注意的是考虑到调解的自治性，示范法并不排斥双方当事人约定其调解是国际调解或者约定适用本法的情况。而《调解统一法》的主要作用是作为 OHADA 的成员国的调解法使用，主要解决成员国内的争端，同时如果外国投资者与成员国内法人或是个人发生商事争端也可适用该法案，不论争端双方的国籍。

其二，《国际商事调解示范法》只运用在商事领域之中，示范法采取清单的模式对商事的定义做广义的解释以涵盖由于商业性质的所有各种关系而发生的事项，无论这种关系是否属于合同关系。反观《调解统一法》，任何

---

① 赵勇：《〈新加坡调解公约〉的适用范围及衔接对策》，《河北法学》2023 年第 5 期。

因法律和合同关系而产生的争端达成友好解决的任何程序都被称为调解。同时,《调解统一法》认定调解的前提是双方争端的起因基于合同或者法律关系，而示范法无论属于合同关系还是法律关系都认定。

（二）调解员认定的宽泛性

调解员职业化是调解发展的十大趋势之一，20 世纪八九十年代，一些国家的纠纷解决机构、律师协会、法院等法律行业协会开始向调解员颁发资格证书。随着资格认证标准的完善，调解员资格认证制度初步建立起来，并进一步推动了调解的专业化发展。2000 年前后，奥地利通过立法、澳大利亚则设立行业标准、德国和新加坡采用立法与行业标准混合的形式相继确立了调解员资格认证制度。而《调解统一法》却与国际趋势背道而驰，规定调解员为被请求进行调解的第三方而无论其职业与名称。它规定了两种主要的选择调解员的规定，其一是争端当事人自主协商选择，其二则是在机构进行调解过程中要求机构进行指定。这两种方式都只要求调解员客观中立并恪守基本原则，并没有对职业资格进行规定。

（三）调解协议的可执行性

我国“和解协议”缺乏可执行力是与《新加坡调解公约》进行制度衔接的重点问题之一,① 其主要原因在于在我国现行法律规定下，无论是当事人自行和解达成的和解协议，还是通过商事调解机构达成的和解协议，甚至是通过法院“一站式”解纷机制达成的和解协议，其本身均不具有法律终局效力，必须通过司法程序转化为可执行的裁判文书（如调解书、裁定书、判决书等）才能获得法律终局效力。② 而《国际商事调解示范法》规定：当事人订立争议和解协议的，该和解协议具有约束力和可执行性。因此《调解统一法》也参照示范法规定：调解结束后，当事人以书面协议解决争议的，该协议为强制协议，对双方具有约束力。由此规定了调解的终局性，提高了争端解决的便捷性。

（一）诉讼、仲裁与调解衔接的便捷性

为了应对单个争端解决方式不够全面的情况，国际上越来越推崇混合纠

---

① 赵勇:《〈新加坡调解公约〉的适用范围及衔接对策》,《河北法学》2023 年第 5 期。

② 张冰:《〈新加坡调解公约〉背景下我国法院执行国际商事和解协议的路径探索》,《商事仲裁与调解》2021 年第 5 期。

纷解决模式，其中较为典型完善的即是《新加坡仲裁调解议定书（2014年）》（简称《AMA 议定书》）规定的仲裁—调解—仲裁（Arb - Med - Arb）的模式。《调解统一法》虽然没有直接将仲裁、诉讼与调解相衔接，但也通过规定大大提高了其便捷性，在诉讼以及仲裁之中如果当事人双方达成一致并在法院以及仲裁庭确定诉讼中止期限后，可直接将案件提交调解。同时在调解过程中调解程序在双方当事人没有任何协议的情况下结束时，仲裁程序以及法院程序应恢复正常。这两条规定直接使得当事人可以在诉讼、仲裁以及调解三大争端解决方式之中灵活转变，更便捷地维护当事人的权益。

四、《调解统一法》适用的法律问题

OHADA 国家普遍经济发展情况差，政府、法院、仲裁庭等机构腐败问题较严重，我国投资者在外经商难免因国籍问题受到不公正待遇，因此在 OHADA 成员国适用调解法时应当注意以下几点风险，以维护自我权益。

（一）虚假调解问题

虚假调解是目前国际商事调解中面临的主要问题之一，主要表现在两方面：其一是一方当事人与调解员合谋从而损害另一方当事人的合法权益；其二是双方当事人恶意串通或者双方当事人与调解员共谋以损害第三人的合法权益或国家利益。

相较于诉讼和仲裁，调解具有更高程度的自治性和灵活性。从调解程序的启动、调解员的选任、调解规则的适用到和解协议的达成、调解的终止等事项，都可以通过当事人合意达成的协议来处理。并且，调解程序通常是非正式的，在当事人主张、事实的举证、法律适用等方面都体现了很大的灵活性。即使当事人恶意串通虚构事实或证据，调解员或者后续负责审查的机关也很难甄别。此外，出于“不伤和气”、尽早解决纠纷的考虑，当事人在调解过程中忽略或承认某些含糊不清的事实也并不罕见。①

《调解统一法》虽然在选任调解员时规定了许多的条件，但由于政府的腐败性问题，国籍、人种歧视问题的存在，难免在调解时遇到虚假调解的情况，并且它与我国不同，我国将和解协议定义为民事合同不具备直接执行力，这种情况下虚假调解的获利空间十分有限，而《调解统一法》赋予了

① 陈雅峥：《国际商事调解中的虚假调解问题及中国因应——以〈新加坡调解公约〉为视角》，《商事仲裁与调解》2023 年第 1 期。

书面协议直接执行力，如果在虚假调解的情况下达成协议难免造成难以挽回的损失。

（二）时效规定问题

时效规定是法律执行过程中的重要问题，例如，民法中的诉讼时效问题、刑法中的追诉时效问题。《调解统一法》在关键的程序中都进行了时效规定以提高当事人的效率。因此投资人应当特别注意防范时效风险，维护自身权益。

《调解统一法》规定，在有调解协议的情况下，调解程序自最早履行协议的一方当事人履行书面或者口头调解协议之日开始；在没有调解协议的情况下，发起调解邀请的一方在对方收到邀请书之日起 15 日内，或在其规定的任何其他期限届满时，对方没有书面的接受邀请，则视为对方拒绝调解。因此，在收到对方当事人发出的调解邀请时应及时作出接受的书面回复，否则将会错过调解程序开始的时效。

如果双方当事人在诉讼或者仲裁过程中选择进行调解，则法院与仲裁庭可中止程序并确定诉讼中止的期限；调解程序的开始应当中断诉讼时效，如果双方未达成调解协议，则该诉讼时效期间自调解结束之日起重新计算，但不得少于 6 个月。而 OHADA《一般商法统一法》规定诉讼时效一般为 5 年，因此当事人应当特别注意诉讼时效的计算，切不可一时疏忽错过诉讼时效丧失利益。

调解程序结束且当事人以书面协议解决争议后，该协议为强制性协议，经双方共同请求可将协议提交公证机关登记。如若当事人一方不同意提交公证执行，当事人的任何一方可以向有管辖权的法院提出执行协议的申请，该法院应当于 15 日内审查协议并准予执行。如果法院在 15 日之内没有做任何决定，调解协议自动获得批准，当事人可以直接向首席书记员或主管当局寻求执行。同时如果认为违背公共政策的，可以在执行协议发布 15 日之内向法院和仲裁庭的共同管辖法院提出上诉。

（三）信息与证据的处理问题

隐私权是国际普遍认同的人权之一，许多国家将隐私权写入宪法之中，《国际商事调解示范法》规定：调解人收到一方当事人关于争议的信息时，可以向参与调解的任何其他方当事人披露该信息的实质内容。但是，一方当事人向调解人提供任何信息附有必须保密的特定条件的，该信息不得向参与调解的任何其他方当事人披露。受到隐私权保护思潮的影响，《调解统一法》同样十分重视信息与证据的保密性处理。

《调解统一法》规定，与调解程序有关的所有信息应当保密，除非当事人另有约定、法律另有规定、为履行或执行调解所达成的协议所必须披露这些信息。这些信息既包括双方当事人的商业信息和人身信息，还包括在采取证据过程中披露的私人信息，以及调解机构与调解员涉及的与调解程序相关的所有信息。双方当事人在一般情况下有对这些信息的保密义务。

若调解程序启动失败或调解失败，双方纠纷进入诉讼或者仲裁阶段，在调解过程中当事人所提供的以及调解机构、调解员所采集的证据均不得在任何仲裁或法律程序或其他类似程序中援引、提交，即在该程序中采集的证据一般只能在调解程序中使用，具体包括一方当事人发出的调解邀请、一方当事人愿意参加调解程序的事实、当事人在调解过程中表达的建议和意见、当事人在调解过程中所作的申明或认可的事实、调解员提出的建议、当事人提及的愿意接受和解的意愿、专为调解进程起草的文件。

（四）调解的程序问题

非洲大陆发展跟不上世界发展的步调这是个不争的事实，许多投资商对非洲国家持一种偏见态度，他们认为非洲没有他们概念里的法治，这就导致许多投资者名义上遵守法律而背地里却对法律规定的程序嗤之以鼻，在调解中对程序的忽视，往往会遭受利益损失。

在调解程序开始时，如果双方没有协议，合同中没有约定适用调解解决纠纷的条款，则需要采用严格的调解邀请程序才能算是调解的开始。向对方发起或者收到对方调解邀请 15 日之内要作出书面的邀请接受，如果 15 日的期限届满没有收到或者向对方发出调解邀请，则视为拒绝进行调解，故而投资者一定要注意在没有收到书面同意的情况下要及时寻找其他争端解决方法以免错过时效。

在调解过程中，调解员必须遵守“公平公正、尊重当事人意愿”的基本指导原则，在与一方当事人及其律师单独或共同会面后，应尽快通知其他当事人以及其律师，保证另一方当事人的知情权。

在调解结束后，如若调解成功，一定要重视书面协议的签订，因为《调解统一法》规定只有调解员应双方当事人请求签署一份由调解产生的书面协议，该协议才具有强制性效力。并且经双方共同请求，将调解协议提交公证机关登记，公证员才能应当事人要求执行该协议所商定的内容。

五、《调解统一法》适用问题的法律应对

（一）谨慎选择调解机构以及调解员

考虑到调解的自治性、灵活性，调解员以及调节机构对调解的最终结果有巨大的影响，这关乎争端双方的权益维护。上文所述虚假调解的风险其中一条便是调解员与当事人一方串通损害另一方当事人的利益，调解员不恪守基本原则不保持公正客观的行为准则、调解机构收受贿赂有失公正，此类事件在发达地区以及发达国家也时有发生，更何况在经济较差、政治动乱的非洲国家。因此，在发生争端选择调解进行争端解决后，一定要谨慎选择调解员以及调解机构。

首先是对调解员的选择，《调解统一法》规定的调解员选任有两种方式，一是双方共同选定，二是调解机构直接指定。第一种选任方式是较为稳妥的，并且无论是临时调解还是机构调解，当事人都有选择的权利。在选择过程中，理应考虑到调解员的专业水平、道德水准以及国籍情况，《调解统一法》规定任命调解员应当考虑任命一个与双方国籍各不相同的人。而正如上文所述《调解统一法》的特性之一是调解员认定的宽泛性，其对调解员没有严格的资格要求，因此在异国他乡的情况下更加不能分辨调节员的专业水平，此时根据国籍的不同来认定显得尤为重要。其次，在调解过程中应当及时关注调解员所披露出来的信息，《调解统一法》规定调解员在接受任命时应当以书面形式确认其独立性与公正性，同时要毫不拖延地向各方披露任何可能对其公正性或独立性产生合理怀疑的新情况。因此在仔细搜集这些信息后如果对调解员产生怀疑的应当及时拒绝进行调解。

《调解统一法》所规定的调解机构仅有三类：法院、仲裁庭以及有管辖权的公共实体，选择机构进行调解时主要应当注意机构的调解规则，《调解统一法》只是相当于调解的一般法而当事人在向调解机构寻求调解服务时应当默认接受该调解机构的调解规则。

（二）实质履行规定程序

对程序的忽视实质上就是对非洲法律的忽视，非洲国家虽然在经济方面比较落后，但是西方国家殖民统治的历史使得大多数非洲国家在独立后形成了较为复杂和完善的法律体系——原宗主国法律制度与当地宗教法和习惯法并存。然而，由于中国企业一直以来法律意识比较淡薄，尤其对非洲抱有一种“太贫穷没有法律”或“法律不健全，投资靠权力和关系”的错误观念，

在投资前往往会忽视对东道国法规政策的了解，导致投资过程中极易造成不必要的经济损失。例如中国很多企业投资南非之前不熟悉或不重视南非“黑人经济振兴政策”（BEE），以至于在南非的业务长期无法正常开展。因此，在 OHADA 国家适用调解法过程中，一定要实质履行其程序规定，以免造成利益损失。

（三）注重应对身份重叠问题

身份重叠是指有一个国家加入多个区域经济组织，而导致了司法管辖权冲突、财政负担过重、法律制度适用冲突等问题的现象。虽然国际机制重叠现象并不是非洲所特有的现象，但是这一现象在非洲呈现出更为明显且复杂化的趋势。造成这一现象的原因是，为了促进贸易、吸引投资，非洲成立了众多区域性组织，这些区域性组织处理的问题具有相似性，它们制定的各种有关贸易、投资的规则以及争端解决程序具有一定的重合性，从而形成了国际机制中的问题领域重叠和功能重叠。据统计，非洲 54 个国家共具有 132 个区域经济组织。平均一个非洲国家至少是 2. 5 个区域组织的成员。① 例如在 OHADA 国家中，除了加入了 OHADA 外，贝宁还是西非经济和货币联盟的成员，刚果（布）还是中部非洲和货币共同体、中部非洲国家经济共同体、非洲金融共同体法郎区的成员。所有 OHADA 国家都加入了两个以上的区域经济组织，在此我不一一列举。

对争端解决来说，身份重叠就导致其复杂化，投资者需要十分认真地钻研才能最大程度选择利己的纠纷解决方式。虽然《非洲商法协调条约》规定统一法在成员国内直接适用并对成员国有约束力，即使成员国此前或此后的国内立法有与其相冲突的规定。但是调解是一种自治性极高的争端解决方式，当事人双方可以自由选择适用调解的法律，再者选择不同的机构进行调解也默认适用机构的调解规则。因此，在协商适用调解时，主要有：共同体法规定的调解法、国内规定的调解法、各调解机构自己的调解规则以及《国际商事调解示范法》，各投资者一定要仔细研读这些法律以及规则，谨慎选择适用。

---

① 朱伟东、王婷：《非洲区域经济组织成员身份重叠现象与消解路径》，《西亚非洲》2020 年第 1 期。

六、结论

“一带一路”倡议已经进入了高质量发展阶段，非洲在倡议之中占有举足轻重的地位。而发生争端是在投资过程中无法避免的不稳定因素，调解是解决争端的三大方式之一，有其独到的优势。OHADA 作为一个统一法律体系的区域经济组织，了解其统一法律对中国投资者具有十分重大的意义，《调解统一法》具有适用范围广、调解员认定宽泛、调解协议可执行、调解与诉讼、仲裁衔接便捷的特点，这些特点给调解带来优势的同时在适用过程中又使之出现了虚假调解问题、时效规定问题、信息与证据处理问题、程序问题，因此投资者在适用调解过程中一定要谨慎选择调解机构和调解员、实质履行规定程序、注重应对身份重叠以维护自身权益。

专题二：非洲文教卫专栏

南非土著知识保护立法的经验及启示

雷紫涵*

摘要：南非对于土著知识的保护历经了多年的发展，历经从程序性保护到实体与程序并重，从附带性保护到专门性保护。“十四五”规划提出要传承弘扬中华优秀传统文化，同时弘扬中华优秀传统文化工作需要在法治轨道上推进。我国传统知识保护制度起步较晚，借鉴国外经验可推动我国传统知识保护的发展。南非土著知识保护立法涉及尊重土著权益、促进经济发展、保护文化遗产等多方面，以南非土著知识保护立法沿革为铺垫，对土著知识保护代表性立法进行分析，借鉴其经验对我国传统知识保护立法提出建议。

关键词：南非；土著知识；传统知识

引言

南非作为一个多元文化国家，拥有丰富多样的土著知识①和文化遗产。这些土著知识涵盖了从医药和农业到手工业和艺术等各个领域，代代相传，对于维护社群的认同感、文化传承和社会发展起着至关重要的作用。然而，全球化和科技进步带来了新的挑战，使得南非的土著知识面临着日益严峻的保护问题。全球范围内，许多传统知识被非法使用、盗用或商业化，导致土著人民的权益受损。为保护土著知识拥有者的权益，促进土著知识的传承和发展，维护文化多样性和社会稳定，推动土著知识与现代社会的有机融合，

---

* 雷紫涵，湘潭大学知识产权学院硕士研究生。

① 短语“传统知识”和“土著知识”可以有不同的含义，但是在南非的许多情况下可以互换使用。参见 Crouch, Neil R., et al. " *South Africa's bioprospecting, access and benefit – sharing legislation: current realities, future complications, and a proposed alternative: science policy.* " South African Journal of Science 104. 9 (2008): 355 – 366.

南非已设立多项土著知识立法。

一、南非土著知识保护立法沿革

《生物多样性公约》是第一部倡议保护土著知识的国际公约，南非是该公约的缔约国。最初南非对土著知识的管理往往与生物勘探相关，为履行《生物多样性公约》的义务，在生物勘探监管的法律中规定土著知识保护条款，如《2004年国家环境管理：生物多样性法》（The National Environmental Management: Biodiversity Act, 2004，以下简称《生物多样性法》）和2015年修正的《2008年生物勘探、获取和惠益分享条例》（The Bioprospecting, Access and Benefit - Sharing Regulations, 2008，以下简称《BABS条例》）。《生物多样性法》和《BABS条例》都赋予国家环境保护局职权，对涉及土著生物资源和土著知识的生物勘探活动建立了严格的审批程序。生物勘探监管虽然涉及对土著知识的管理，但多为程序事项，并未对土著知识进行实体上的专门保护。

为促进土著知识商业化利用，南非出台《土著知识体系政策》，为将土著知识纳入知识产权法律体系进行保护设定了政策框架。通过知识产权保护土著知识主要有两个目的：一是确保土著知识不被盗用，二是获取土著知识或生物资源商业化带来的经济利益。人们普遍认为，强有力的知识产权法律能够促进增长、发展和创新。因此，该国选择在知识产权法律框架下保护知识产权，而不是制定单独的特殊法律来保护知识产权。最早将土著知识保护纳入知识产权法律体系的是《2005年专利法修正案》，通过专利法对土著知识进行有限保护。① 为落实《2004年土著知识体系政策》，南非制定《2013年知识产权法修正案》（Intellectual Property Laws Amendment Act, 2013，以下简称《修正案》），使土著知识的利益获得权成为南非私法中的财产权受到保护，作为私法意义上的财产权，原则上也受到南非宪法的保护。许多法律从业人员认为《修正案》没有充分认识到土著知识的独特性，由于其独特性，土著知识需要特殊的保护。因此，当时的科学与技术部（Department of Science and Technology），现为科学与创新部（Department of Science and

① 2007年生效的《2005年专利法修正案》中，对《1978年专利法》第30节3A条和3B条进行修改，要求专利申请必须包括有关专利所依据或来源的任何土著知识或本土生物或遗传资源的信息。

Innovation)，于2014年起草了《土著知识法案》，旨在通过特殊方式保护、促进、发展和管理土著知识体系。该法案于2016年提交议会，科学和技术组合委员会呼吁公众就该法案发表书面意见，并于2019年公布于南非政府公报，全称为《2019年保护、促进、发展和管理土著知识法》(Protection, Promotion, Development and Management of Indigenous Knowledge Act, 2019, 以下简称《土著知识法》)，它是南非对土著知识保护的代表性立法，也是本文讨论的重点。

土著知识保护不仅在文化传承和认同方面具有重要性，还与社会公平、经济发展息息相关。我国是历史悠久的、多民族、多文化的国家，拥有众多不同的土著知识和文化遗产。本文以两部南非保护土著知识的代表性立法为例，通过研究南非的土著知识保护制度，分析其有益经验，完善我国的土著知识保护制度。

二、《修正案》关于土著知识保护的规定

《修正案》通过将土著知识作为一种知识产权来保护，对已有立法进行修订，如《1978年版权法》《1993年商标法》《1993年外观设计法》以及《1967年表演者保护法》，将保护某些形式的土著知识纳入现行立法。

(一) 土著知识的版权保护

根据《修正案》第28B条规定，土著知识要获得版权，须具有物质载体，即通过以数字、文字等有形方式记录，并且该记录内容须得到当地土著集体[①]的证实。此外，该土著知识作品须是衍生于土著知识的土著作品[②](derivative indigenous work)，且该作品的创作时间应在《修正案》生效后。土著知识作品的版权获得不同于一般作品，即从创作完成之日起获得版权，

① 根据《修正案》第3F款，土著集体是指在《修正案》生效之日，起源于或历史上定居于共和国疆界内的一个或多个地理区域的任何可识别的族群，其社会、文化和经济条件有别于国家社会的其他群体，他们将自己视为一个独特的集体，并得到其他群体的认可。

② 根据《修正案》第3条给出的定义，土著知识作品指源于土著或土著文学、艺术或音乐的作品，包括由现在或过去是土著集体成员的人创作的土著知识表现形式或知识，该文学、艺术或音乐作品被视为该土著集体遗产的一部分；衍生土著知识作品指构成本法主题的任何作品，适用于被土著集体认可为具有土著文化渊源的任何形式的土著知识作品，其内容很大一部分源自土著文化。依照该法规定，土著知识作品包括土著知识作品和衍生土著知识作品。

土著知识作品的版权需要通过申请注册以获得，并且应当符合下列条件：(1) 土著集体及有关部门事先已知情并同意；(2) 已向委员会①披露该土著知识或土著文化的表现形式；(3) 申请人与有关部门或土著集体已达成利益分享协议。《修正案》第28F条规定了对土著知识作品的保护期限。土著知识作品的版权保护期为50年，从作品经作者许可首次向公众传播或作者去世之日起算，以时间在后者为准。如果该作品仅为土著知识，该作品的权利应归属于国家，则该作品的版权保护期为永久。

(二) 土著知识的商标保护

根据《修正案》第43B条规定，由土著知识构成的术语或者表达②可以作为集体商标、证明商标或地理标志注册，并且该术语或者表达应当符合商标的“显著性”特征，即土著知识术语或表述应能够将已注册或拟注册的土著集体的商品或服务与另一集体或个人的商品或服务区别开来。第43E条规定，该种商标的保护期限为10年，但注册为商标的术语或者表达并非由申请者原创，而是由先前已存在并传承下来的，则保护期限为永久。

(三) 土著知识的外观设计保护

《修正案》第53B条规定，衍生于土著知识的外观设计如果具有新颖性，则可以注册。但该外观设计新颖性要求该设计不属于现有技术组成部分，该设计源于土著知识，并归属于传承该土著知识的土著集体。该外观设计应当自发布之日起2年内提出注册申请。

第53E条规定，衍生于土著知识的美学性外观设计的保护期限最多为15年，功能性的外观设计保护期限最多为10年。但该外观设计完全源自土著知识，并未经过作者的再创作，则该外观设计的保护期限为永久。

(四) 设立国家土著知识理事会

依照《修正案》第28L条规定，成立一个管理国家土著知识的理事会，由贸易和工业部（现改为贸易、工业和竞争部）部长任命该理事会理事，包括至少15名理事以及1名理事会主席。理事会代表南非不同文化的土著集体，至少应有2名成员具有与所代表土著集体一致的价值观、具备该集体

① 公司与知识产权委员会（Companies and Intellectual Property Commission，CIPC）。

② 土著知识构成的术语或表达是指体现土著文化和知识的任何有形或无形形式，或两者的结合，世代相传，土著集体的有形或无形的创造性形式，包括但不限于语音或口头表达，如故事、史诗、传说、诗歌、谜语和其他叙事、文字、标志、名称和符号等。

土著知识文化素养，包括土著艺术作品、文学作品、音乐作品、表演艺术和土著法律方面的知识和专长。

该理事会的职能主要是咨询性质的。依据《修正案》第28L条相关规定，其职能包括就土著知识或其他土著文化表现形式相关问题向贸易和工业部部长提供咨询；就土著知识或其他土著文化表现形式的注册问题向版权、设计、商标和专利注册机构提供咨询；就涉及土著作品表演的主题向部长提供建议，并就涉及土著知识和文化表现形式的知识产权数据库的完整性提供咨询意见，此外理事会还将履行《专利法》《外观设计法》《表演者保护法》《商标法》规定的其他任务，并还有权将收到的任何争端提交解决。

（五）建立记录土著知识的国家数据库

根据《修正案》第28C条，建立一个国家数据库用以记录、保存土著知识。该数据库的建立有利于公众获取土著知识。由于《版权法》中已有关于国家数据库的规定，因此这种土著知识数据库将保存在版权登记处，这些数据库将以电子格式保存，该规定同样适用于外观设计和商标相关的国家数据库。

数据库将对土著知识作品进行记录，以表明所拥有和确认的土著作品属于某个特定的土著集体。但是，按照这种方式登记土著知识无法获得除《表演者保护法》《商标法》《外观设计法》《版权法》规定的之外的任何权利。对申请人的资格限制较小，土著知识作品的作者、土著知识作品所属的土著集体的代表及其他有权代理人，若作品所属的土著集体已不存在，则由部长任命一位代表代为申请。此外，《修正案》第28C条规定若申请人是现有的一个集体，应当在申请前就申请事宜在集体内部达成协议，并于申请注册时提交。该协议应当包含以下内容：

（1）明确土著集体的组成结构；

（2）土著集体所指定的代表及该代表的详细资料，该代表是法人的应提交法人注册的详细资料；

（3）说明申请的理由及主张的权利；

……

（六）设立国家土著知识信托基金

为促进土著知识的商业化，并确保这种商业化所产生的收入用于土著集体的利益，依照《修正案》第28I条设立国家土著知识信托基金。该信托基金的受托人由部长任命，人数至多5人。基金信托人依照规定方式管理基金，并将土著知识商业化所得收益进行投资或按照其他分配方式处分，方式包括但不限于用于银行或其他金融机构理财。该条规定确立了土著知识的惠益分享机制，为土著知识权利人获得商业利益提供法律保障。

（七）《修正案》简要述评

《修正案》的公布生效是南非推动土著知识保护立法的一项积极措施，是保护土著知识的首部立法，填补了土著知识保护的立法空白，具有开拓性意义。作为南非首次保护土著知识的立法，其立法是在已有版权、商标、外观设计和表演者保护立法的背景之下，对土著知识的可保护性予以确认。

《修正案》体现了对土著知识的尊重和承认，弥补了传统知识产权制度在保护非西方文化的不足，符合南非宪法的多元文化主义和社会正义的价值观。《修正案》还为土著集体参与土著知识权利的行使和获得收益提供了合法有效的途径，促进了土著集体经济、社会和文化权利的实现。此外，《修正案》有助于阻止和遏制对土著知识的不公平使用、盗用等现象，维护土著集体的利益与尊严，为全球化背景下的文化多样性提供保障。

《修正案》是一项具有前瞻性和创造性的法律，为其他寻求保护自己土著知识的国家树立了一个榜样，值得我们深入研究和借鉴。

三、《土著知识法》① 的主要内容

《土著知识法》是就土著知识保护的一项专门立法，是南非在土著知识领域立法取得的一项重要成就。《土著知识法》旨在通过除《修正案》所规定的保护方式以外的方式来保护土著知识，如创建国家土著知识登记制度、许可制度、执法制度等。以下是《土著知识法》的主要内容②：

（一）设立国家土著知识系统办公室（National Indigenous Knowledge Systems Office，NIKSO）

根据《土著知识法》第5条，规定国家土著知识系统办公室是为实施《土著知识法》设立的机构，主要负责以下职能：

（1）负责《土著知识法》的实施；

（2）保护和承认土著知识是土著集体的财产；

① 原名为《Protection，Promotion，Development and Management of Indigenous Knowledge Act，2019》。

② 本文选取《土著知识法》中有特色的条款进行介绍、分析。

（3）促进纠正土著集体以前被剥夺的权利和福利；

（4）管理评估员和土著知识实践者的登记；

（5）决定发放土著知识使用许可证的标准；

……

前述土著知识的登记、许可、执法均由该办公室负责，具体而言登记制度包括负责接受、审核、登记和公布土著知识的申请，以及维护土著知识数据库；许可制度包括负责审批、颁发和监督土著知识的商业化利用及许可协议，以及协调权利主体和使用者之间的利益分配和纠纷解决；执法制度包括负责调查、查处和制止土著知识的侵权行为，以及提供法律援助和教育培训。

该机构的负责人由科学与创新部（Department of Science and innovation）的部长任命，《土著知识法》第 8 条规定除机构负责人外，部长须另外任命 5～10 人作为土著知识办公室的顾问团，在保护、促进、发展和管理土著知识方面向 NIKSO 提供专业咨询。《土著知识法实施条例》第 2 条对该顾问团的人员组成有详细规定，顾问团成员应当由以下人员担任：

（1）直接处理土著知识事务的政府部门官员；

（2）被认为目前正在从事或已经退休的特定行业的土著知识从业者；

（3）使用或曾经使用土著知识并与相关集体达成利益共享协议的行业的官员；

（4）从事土著知识研究的专家。

（二）申请土著知识保护的标准

相较于《修正案》而言，《土著知识法》第 11 条对可申请保护的土著知识有更明确的规定，规定了土著知识须满足以下三点标准：（1）形成于土著集体；（2）在该土著集体世代相传；（3）与该土著集体的社会和文化特征相关联。土著知识世代相传意味着该土著知识是动态的，可能会受到环境和社会规范的影响而发生改变，后代对该土著知识的修改与补充也应受到保护。

（三）土著集体就土著知识所享有的权利

《土著知识法》第 13 条将土著知识定义为一种独特的智力财产权，与专利、商标、版权等传统知识产权不同。该法进一步规定土著集体就该土著知识所享有的权利，主要分为四类：（1）经济性权利——对土著知识进行商业化利用或许可他人进行商业化利用时，享有合理报酬和福利分享的权利。（2）道德性权利——对土著知识进行任何形式的使用时，享有被尊重和承认为权利主体的权利，以及要求使用者遵守相关风俗和习惯的权利。（3）管理权——对土著知识进行任何形式的使用时，享有参与决策和监督使用情况的权利。（4）救济权——对土著知识受到侵害时，享有请求赔偿和制止侵害行为的权利。这些权利类似于知识产权，主要区别在程序上，依照《修正案》申请保护的土著知识需要确定该土著知识是作为版权、商标或外观设计专利其中一项进行申请，不同的知识产权所需的申请程序及保护期限亦有差异，直接向 NIKSO 申请保护对申请人而言更为便捷。

（四）设立土著知识商业使用许可制度

《土著知识法》第 26 条规定，将土著知识用于商业目的应当按照规定方式向 NIKSO 提出申请，并与该土著知识的托管人达成许可协议后，由 NIKSO 授予使用土著知识的许可证。并根据所申请使用许可的土著知识作品的不同种类，申请人需要支付不同的费用，并规定被许可人在使用该土著知识时须注明出处。此外，《土著知识法》规定了类似知识产权法律的合理使用制度作为土著知识专有权的例外。

（五）争端解决

《土著知识法》规定设立争端解决委员会负责解决因《土著知识法》所产生的争端，由科学与创新部长依法任命争端解决委员会成员。需要指出的是，该委员会对争端进行裁决时须考虑与争端问题有关的习惯法，双方也可以将争端事项提交高等法院审查。《土著知识法》第 27 条规定争端解决委员会享有一定的处罚权，可以执行以下处罚措施：（1）向被许可人发出书面警告；（2）发布公告禁止被许可人未经授权使用土著知识；（3）向 NIKSO 建议取消、暂停或撤销被许可人的许可证。《土著知识法》第 28 条规定未经授权或超越授权范围使用土著知识并造成土著集体利益损失的会面临刑事处罚。

（六）《土著知识法》的简要述评

《土著知识法》对土著知识提供了一种新的保护形式，为土著知识提供了明确的法律保护，防止其遭受未经授权使用、盗用或商业化的侵害。这有助于确保土著知识的独特性和完整性，防止其被不当使用和滥用。《土著知识法》不要求土著知识具有作品外观，与《修正案》对土著知识提供的知识产权保护的方式相比，《土著知识法》对土著知识的保护范围更广，对于不满足《修正案》所规定的版权、商标、外观设计专利的形式要求的土著知识也能给予保护。例如，外观设计专利需要满足新颖性要求，商标需要满足显著性要求，而土著知识大多世代相传，不断发展，从这一角度来看，《土著知识法》的是土著知识保护立法的进步。

《土著知识法》重点保护土著集体的利益。知识产权制度允许自然人、法人进行申请注册，而《土著知识法》将权利主体限定为土著集体，土著知识与土著集体的生活、文化、价值观等与密切相关，参与保护土著知识对话的国际法律学者和专家普遍认为，保护土著知识的实质是保护土著集体，保护他们的生活方式和文化。法案强调土著集体在知识管理和决策过程中的参与，使土著集体有了更多发言权，有助于平衡土著权益与现代社会的需求，推动社会的文化多样性。

《土著知识法》的出台是南非保护和发展土著知识的重要里程碑，也是国际上首部涵盖了土著知识各个方面的综合性立法。体现了南非政府对土著集体的尊重和支持，对维护其文化身份和尊严，促进其社会经济发展，以及保护其自然资源和生态环境都具有积极意义。同时，也为其他国家提供了一个借鉴和参考的范例，有助于推动全球范围内对土著知识的认可和保护。

四、南非土著知识保护立法的特点

南非土著知识立法保护的特点主要围绕着保护土著集体对于其传统知识和文化的所有权与控制权展开，通过设计多层次制度保护、保障权利主体之权利，以及权利救济等方面得以体现。南非土著知识保护立法强调的是土著集体的文化权益，并且以对文化多样性尊重为前提。

（一）尊重文化多样性

南非的土著知识保护法律体现对不同土著集体的传统文化和知识的尊重与保护。立法重在通过对法律的修订，使得法律框架与土著知识相协调，而非对土著知识作出限制性规定以适应法律。每个土著集体都有独特的文化传统、语言和习俗。这些文化要素是土著集体身份的核心，并对他们的生活方式和社会组织产生深远影响。南非的土著知识相关的法律和政策都尊重土著集体的文化特点。不同文化群体之间可能会产生冲突和误解，南非法律鼓励对话和尊重，有助于解决潜在的文化冲突。

（二）多层次保护

从国家层面来看，南非政府通过制定《修正案》和《土著知识法》等法律文件，为土著知识的保护提供了法律依据。这些法律不仅规定了土著知识的定义和范围，还确保土著集体对其知识的所有权和控制权。从省级层面来看，不同省份可能有不同的土著集体，每个社群都有其独特的文化和知识体系。因此，各省政府可根据各自的情况制定相关法律和政策，以适应土著集体的需求。这种分权和灵活性确保了土著知识保护法律的地方适用性，并使不同集体能够根据自己的特定情况来管理和保护自己的知识。

（三）保障权利主体的广泛参与和决策权

土著知识法律为土著集体提供了参与决策的机会，确保他们的声音被听到，他们的需求被满足。土著集体可以参与制定与他们的知识和文化相关的法律、政策和计划，这有助于确保法律体系的合法性和合理性。不同的土著集体拥有不同的传统知识和文化，因此，他们参与决策过程以确保法律和政策不会一刀切，而是能够考虑到各个社群的独特需求，有助于防止文化的强迫性统一化，维护了土著社群的文化自主性。通过与政府和其他利益相关者合作，土著集体可以在保护和传承知识的过程中获得支持和资源，这种合作有助于推动土著集体的经济和文化发展，也有利于促进社会和谐。此外，争端解决机制的设立也强调了土著集体在土著知识纠纷中的参与，以确保争端得以公正解决。

（四）权利救济

南非法律规定土著集体有权要求返还曾经被剥夺、滥用或未经允许使用的知识。在南非历史上，土著集体的知识和文化常常遭到外部侵犯和滥用，而没有得到应有的尊重和承认。这包括了知识的盗用、未经授权的商业利用以及文化盗窃。现在，南非法律强调土著集体对这些知识的合法权益，要求社会承认并纠正过去的不法行为。土著知识通常不是商品，而是文化和社会的重要组成部分。因此，土著知识权利的返还不仅涉及物质利益，还涉及文化、传统和身份等重要问题。土著集体通过知识权利的取回进而维护他们的文化完整性和传统价值观，这对于他们的身份认同至关重要。

五、对我国传统知识[①]保护立法的启示

南非的保护土著知识的立法在尊重土著权益、促进经济发展、保护文化遗产和社会多样性等多方面具有优点，这些优点对于保护和推广土著知识不

---

① 我国语境下土著知识与传统知识的定义不同，传统知识一词更符合本文所表达的内容。

仅对南非有益，对我国也有借鉴意义。根据南非的经验，对我国传统知识保护立法提出以下建议：

（一）制定专门的传统知识保护法

我国是一个历史悠久的多民族国家，基于多元的少数民族文明拥有了丰富的传统文化知识。学界对传统知识的保护一直存在两种不同的意见：一种是对现行的知识产权制度进行调整与修改；另一种则是创设新的保护体制对传统知识进行专门保护。南非采取的就是对土著知识进行专门立法保护，我认为可以借鉴。一方面，迄今为止，我国存在大量少数民族传统知识、文化和技艺，传统知识与其他的知识产权客体相比处于相对公开的领域，既不像商业秘密可让相对人负有保密义务，也不像专利可对使用者进行限制或指定；另一方面，传统知识的权利主体呈多样性、集体性、传承性等特点，对于权利主体而言，不能简单地概括划分，还需要进行更系统、深刻的定义加以区分。所以借鉴南非的做法是有必要的，对这些传统知识的保护进行专门立法，才能确保少数民族传统知识得到法律充分保护，而不仅仅是在现有法律框架中简单地被视为一部分。制定专门针对传统知识保护的法律，从整体上审视传统知识，以建立一个统一、完善和适用的法律框架，其中应该明确传统知识的定义、范围、权利主体、权利内容、保护期限、保护方式、保护条件等基本问题，以及传统知识的访问、使用、转让、惠益分享等具体问题，这会使得传统知识的保护问题、产业化问题、后续的利益分配和维权等现实问题有法可依。与此同时，应该充分考虑传统知识的特殊性和多样性，以及我国的国情和国际标准，以实现对传统知识的有效保护和合理利用。

（二）建立专业的传统知识保护机构

很多传统知识的丧失并非因为没有财产权利的保护，而是无法与现代社会经济秩序相适应，因此需以政府为主导进行“保存”保护，并辅以“复兴保护”，以期与现代经济秩序相融合，这种保护以政府为主导，以财政支持为主要特点。建立一个专门负责传统知识保护的机构，以提高实施效率和效果。这个机构应该具有以下职能：一是负责传统知识的鉴定、登记、管理和监督，以便建立一个全国性的传统知识数据库或档案馆，为土著知识的保护和利用提供信息和服务；二是负责传统知识的宣传、教育和培训，提高社会对传统知识的认识和尊重，增强土著集体对自己知识权利的维护能力；三是负责传统知识的研究、开发和创新，促进传统知识与现代科技的结合和转化，为传统知识产业化、商业化作出贡献。

（三）制定公平的惠益分享机制

制定一个公平的惠益分享制度，以保障权利主体在传统知识所产生的收益和利益中得到合理的分配和回报。由于传统知识不像专利权，大部分传统知识处于公有领域，任何人都有机会了解并自由使用。这使得一些占有优势地位的人或组织在利用传统知识完成新的创造发明之后不与原传统知识持有人分享利益，甚至对该项权利进行垄断。这个制度应该包括以下内容：一是规定对传统知识进行访问或使用的前提条件，如事先告知、事先同意、合同签订等；二是规定对传统知识进行访问或使用的方式和限制，如非专有性、非排他性、非商业性等；三是规定对传统知识进行访问或使用所应支付的费用或提供的惠益，如金钱、技术、产品、就业等；四是规定对传统知识进行访问或使用所应承担的义务或责任，如保密、尊重、承认来源等。

建立传统知识保护制度对我国的有多方面的好处。一是可以保护我国的文化遗产，防止传统知识被盗用或滥用；二是有助于协调传统知识领域相关产业链各方主体的利益分配；三是可以促进传统知识的创新和发展，为经济和社会带来更多的价值，可以增强我国的国际影响力，展示中国的文化自信和软实力。

南非医疗产品准入与监管法律制度研究

李夕泓*

摘要： 南非是非洲最发达的国家之一，南非医疗产品准入与监管法律体系完善，从宪法到基本法，从国内法到国际公约，南非颁布、加入了许多法律以及公约，对于医疗产品的规制较多，对准入制度以及监管制度都做了详细的规定。导致了其整个医疗产品行业的准入与监管具有监管权力集中、医疗产品并行监管、专利监管放松的特点，所以中国企业在南非投资医疗行业一定要高度关注其法律规制，在市场准入方面实质履行规定的注册程序，在市场监管方面要合理遵守、利用其监管制度。

关键词： 南非；医疗产品监管；医疗产品准入

引言

中非医疗合作是构筑人类命运共同体的重要一环，国家主席习近平曾指出，我们要坚定不移地推动中非合作并将合作重点向健康卫生、复工复产、改善民生领域倾斜。卫生健康工程为中非合作“九项工程”之首。2023 年是中国医疗援非 60 周年，双方可针对新冠、埃博拉等疫情，进一步加大在医疗卫生产业、医疗信息网络建设等方面的合作，鼓励中国企业积极拓展非洲药品准入、医院建造、医疗器械生产等产业化合作路径。①

南非是南部非洲最大的经济体，工业实力强劲，但是其理疗产品行业却较为落后，这也使得我国有了进行医疗产品出口的市场机遇。南非医疗器械

---

* 李夕泓，湘潭大学法学院法律硕士（非法学）研究生。

① 王珩、周星灿：《中非合作：为构建人类命运共同体提供示范样板》，《光明日报》2023 年 1 月 16 日，第 12 版。

市场潜力巨大，在传染病数量及发病率较高的背景下，大量的一次性注射器、安全度较好的自毁式注射器、一次性医用乳胶手套、一次性医用导管、一次性（无纺布）手术巾等普及型产品也是南非刚需。但由于南非国内的医疗器械行业不算发达，国内的制造商只能满足50%的医疗器械需求量，且主要限于耗材（绷带、敷料等）和医用家具。进口医疗器械则占据了90%的市场总值，平均每年医疗器械进口总额约为110亿兰特。中国既是南非第四大医疗器械进口国，也是金砖五国中医疗器械进口的主要货源地。根据中国海关总署相关数据，南非向中国进口的医疗器械中，医用耗材、IVD（体外诊断产品）试剂、IVD仪器、保健康复类器械占据主要地位。

一、南非医疗产品准入与监管的主要法律

为实现对医疗产品生产、销售、使用的全面监管，南非构建了完整并且复杂的法律体系，在国际上南非积极加入与医疗健康相关的国际公约，在国内积极推行修改法案、条例，积极推送政府公告，在法律体系构成上付出了极大的司法资源。

（一）《南非共和国宪法》

从1993年的临时宪法到1996年的正式宪法，新南非在制定宪法、解释宪法以及执行宪法方面所取得的成就受到了称赞。宪法在南非具有至高无上的权威，它规定了国家机构的设置、国家机构的权力以及人的基本权利等至关重要的内容。南非的宪法具有可诉性，任何人有权因某人或法人违反了宪法而上诉，并且南非专门建立宪法法院以进行合宪性审查、违宪审判等工作，因此宪法的规定对于南非医疗产品监管的法律体系建立具有无与伦比的作用。

《南非共和国宪法》从权利与义务两方面的规定体现了对于医疗健康的重视。首先，它对国家施加义务，规定国家必须在资源范围内采取合理的立法和其他措施逐步实现人民的医疗保健、食品、水和社会保障权利。其次，它赋予人民两个主要的权利：一是每个人最初始的生命权，即每个人都有权利安全地生活，二是每个人都具有获得保健服务并且不得被拒绝进行紧急医疗的权利。通过对国家施加义务，促使国家在医疗产品监管方面不断颁布、修改新法律，推出新的措施强化监管，又通过赋予人民权利进一步加深。

（二）《药品及相关物质法》

该法是医疗产品监管法律体系的主要部分。医疗监管的法案复杂繁多，

其中最重要的是 1965 年首次颁布的《药品及相关物质法》，经过数次修改最新的于 2017 年颁布，也正是这部法案使得南非的医疗监管体系进行了全面的改革。法案的一般条例包括药品供应、药品登记、许可证、执照和授权、药品管理、管理局、上诉、调查、犯罪和处罚条例的安排，这些条例全方位从医疗产品的进口、制造、销售以及权益维护都做了详细的规定，最重要的一点便是规划成立南非健康产品管理局（South African Health Products Authority，简称 SAHPRA），该机构替代了之前旧机构几乎包揽了所有医疗监管方面的工作，极大提高了工作效率。《有害物质法》监管的对象是所有可能因其有害直接或间接影响而造成伤害或死亡的物质和（电子）产品，该法将相关产品分类为Ⅰ类、Ⅱ类、Ⅲ类和Ⅳ类，而《药品及相关物质法》中定义的医疗器械包括Ⅲ类和Ⅳ类有害物质。因此 SAHPRA 的任务之一是根据该法案管制相关风险物质。为了统筹协调国家的卫生医疗工作，提高医疗产品监管效率南非在 2003 年颁布了《国家卫生法》，该法为南非国内结构化的统一医疗保健系统提供了一个框架，将国家卫生系统的各个要素团结在一个共同目标中以建立一个权力下放的、公平有效率的国家系统为目标，在该法的作用下南非的国家卫生系统也确实得到了改善。还有数个作用较小的法律，如《卫生专业法》主要对卫生职业教育、培训以及执业登记进行管制，《海关和货物税法》主要管制医疗产品的进口以及税率等。

（三）南非加入的国际公约

南非是《国际卫生条例》的缔约国，该条例是一项具有法律约束力的国际协定，旨在预防疾病的国际传播，并确保对突发公共卫生事件作出协调反应。该协定在医疗产品监管方面直接作用不大，但也间接促使了南非加强对与传染疾病密切相关的，诸如口罩、注射器、疫苗等医疗产品的监管。同样类似间接作用的公约有《残疾人权利公约》（CRPD），涉及残疾人的权利，包括获得医疗产品和辅助器具的权利。《生物多样性公约》包括与遗传资源的获取和惠益分享有关的规定，这些规定与医学研究和开发有关。《经济、社会、文化权利国际公约》（ICESCR）包括与健康权有关的条款，这些条款与获得医疗产品和医疗保健服务有关。

在公约中对医疗产品监管进行直接作用的是《与贸易有关的知识产权协定》（《TRIPS 协议》），该协定在贸易过程中保护各种商品的知识产权，知识产权被侵害的重灾区就是药品以及医疗器械，协定规定了对这些医疗产品的管理，强化了南非政府对医疗产品的监管。

二、南非医疗产品准入与监管的法律制度

（一）南非医疗产品市场准入制度

南非的医疗产品采取注册批准给予证书的方式予以准入，SAHPRA 采用一般情况与进口检测豁免（PITE）相结合的方式管制医疗产品的市场准入。

1. 注册批准制度

南非明令禁止销售需要进行注册但未注册的药品、医疗器械以及 IVD，除非是专业药剂师、兽医、执业医生根据治疗需要配制的复合型药剂。SAHPRA 通过随时将需要注册的医疗产品总结成声明发表在公报上，这些医疗产品可以包括已经在市场上进行销售的种类，在公报发表之日起 6 个月内应当向 SAHPRA 提出注册申请。SAHPRA 也可以通过书面授权的方式授予特定人员以及机构在特定时期内出售某种未注册医疗产品的权力。提交注册申请需要依照标准的格式提交给部门负责人，需要包含规定的细节、药品样本、在方便提交的情况下也要提交医疗器械以及 IVD 样品以及规定的注册费。负责人在收到申请后，必须将申请进行审议，审议必须按照适合预期用途、符合规定要求以及安全、有效、质量上乘的标准进行，只批准符合上述标准的医疗产品发放注册证书。

2. 进口检测豁免制度（PITE）

一般情况下，因为药品与公民的生命健康安全息息相关，对于药品的检测会更加严格，但是为了方便药物进口，提高效率，SAHPRA 规定了在特殊情况下符合要求的药品免于检测的制度。申请进口检测豁免的条件相当严苛，首先申请人必须提供免除进口后检验的充分理由，如药品运输条件要求严苛，进行检测会破坏药品的品质等，其次申请人应当提交“产品质量组合”，包括：医药注册证书、过去三年的历史装运数量摘要、产品档案状态、产品的容器封闭系统和稳定性概况等一系列规定的文件数据，其中最为重要的是公认的监管机构（RRA）颁发的良好生产规范证书（GMP），但是值得注意的一点是由于 GMP 证书不一定能反映产品的情况，因此需要提交一份声明，清楚地表明产品符合验证要求。在进口运输过程中申请人必须保证严格的监控，每批货物在运输过程中都要有设备负责参数监控，如温度、湿度、冻结条件等，设备以及程序操作都必须符合 GMP 规定的内容，并且进口豁免并不能给予责任豁免，在申请人的药品出现安全、质量问题时也必须承担责任。获得豁免之后有效期为 1 年至 3 年，在获得豁免期间如果

SAHPRA 在审计过程中发现之前的豁免授予有缺陷，良好生产规范发生变化，豁免可以被撤销。

（二）南非的医疗产品市场监管制度

1. 医疗产品销售监管

SAHPRA 对医疗产品销售的监管主要基于市场准入制度的规定，即任何医疗产品都需要进行申请注册后才能准入市场。首先，对医疗产品商家的监管，在某种医疗产品进入市场销售后，SAHPRA 可以三点理由取消证书持有人的注册：认为注册证书持有人未遵守注册条件、认为注册的医疗产品不符合规定要求、认为向公众提供该注册医疗产品不符合公共利益。在因上述任何一点理由取消注册后，部门负责人会以书面通知的方式通知证书持有人，并将取消注册的通知按照规定的信息详细地发布在公报之上。同时，SAPHRA 怀疑医疗产品有问题的可以通过书面告知的方式要求向其提供所掌握的任何信息。经过部门负责人批准证书持有人可以将注册证书转让。

其次，对医师、药剂师、牙医等根据《卫生专业法》注册的医疗保健方面的从业人员的监管。从业人员被绝对禁止销售未按规定进行注册的医疗产品，任何医疗产品注册后或者取消注册后将在最短的时间内通知从业人员，注册信息包含复杂广泛以便从业人员在诊断过程中使用。法案还对从业人员的医疗回馈问题做了规制，从两个方面进行，一是规定任何人不得根据奖金制度、回扣制度或其他奖励计划供应任何医疗产品，这一条直接规制了金钱贿赂行为；二是规定任何医疗产品制造商、代理人、批发商不得向从业人员免费提供产品样品，规制了物品贿赂行为。

2. 医疗产品营销监管

南非对与医疗产品的营销行为作出了严格的监管规定，首先，法案规定了国家卫生部长在与相关行业协商后可以制定与医疗产品营销相关的法规，同时该法规还应规定相关的业务守则。其次，除非在医疗产品的包装上有标签用来标注详细情况，否则不得出现相关广告内容，而专门的广告则需要符合关于广告的规定，如果生产、销售商家出版或分发任何与医疗产品相关的虚假或误导性广告或者声称自己的医疗产品有 SAHPRA 记录的以外的作用和疗效的、在记录之外的领域使用的应当被判有罪。

3. 定价委员会制度

定价委员会由卫生部长任命产生，部长根据定价委员会的建议指定条例以稳定药品的价格。首先，条例需要规定在南非境内销售的所有药品以及法案附表规定的物质实行透明定价制度，由条例对批发商、经销商销售的附表中的药品价格进行规定，任何人不得高于该规定价格出售药品以及附表相关物质，该价格不仅是在境内销售的价格而且是制造商向任何国家出口的唯一价格。其次，规定药剂师、医师或其他专业从业人员可以收取适当的配药费。

三、南非医疗产品准入与监管法律制度的特点

（一）监管权力集中

南非经济发达，远超非洲大陆的其他国家，生活水平自然也节节攀升，因此十分重视医疗健康。基于这种重视，南非很详细地划分了十多个与医疗保健的相关公共机构，主要包括：南非专职医疗专业委员会（Allied Health Professions Council of South Africa）、医疗计划委员会（Council for Medical Schemes）、南非药房理事会（South African Pharmacy Council）、国家卫生部（National Department of Health）以及南非医学委员会（South African Medical Association）等。这些专业机构各司其职，使得南非医疗各方面稳步运作，对医疗产品的监管集中在SAHPRA。

最开始对医疗产品进行监管的并不是SAHPRA，任何医疗产品包括药品、医疗器械的制造商、进口商以及经销商想要获得销售许可都必须要向药物管制委员会（MCC）提出许可申请，对辐射发射装置以及放射性核素的监管则属于辐射控制局（DRC）的责任。直到2015年修改了《医药及相关物质法》，并于2017年生效成立SAHPRA，将两个机构的职能合并起来由SAHPRA同时承担。SAHPRA通过理事会履行其职能，理事会由部长任命的成员应当多于10人少于15人，同时还规定理事会成员必须要有不同的专长知识，要求人数最多的是具有医药、医疗器械、公共卫生以及流行病学等专业知识的成员，但人数不得超过10人，其他领域包括法律、管理、会计、信息技术、人力资源管理也都各自需要一人。管理局的职能主要有：定期对医疗产品进行合规评估并为其注册销售许可证同时确保评估注册过程公正客观、如若市场上出现有违背管理政策、法律的行为，即使没有准确的证据也应当快速采取行动进行监测分析、确保按照伦理道德与专业标准界定临床试验方案、确保遵守法律以及伦理道德进行检测与调查。法案还规定了SAHPRA与任何监管当局或机构联络合作交换信息进行调查的权力，甚至可以与任何监管机构签订合作协议，以实现法律的目标。

（二）医疗产品种类并行监管

南非的整个医疗监管权力集中于SAHPRA，为了方便管理提升效率，南非采用的是医疗产品并行监管的制度。从纵向来看，其中医疗产品并不局限于药品，还包括医疗器械、IVD器械等，在我国将药品与医疗器械等分开管理，如专门规制药品生产经营的《中华人民共和国药品管理法》，对于医疗器械管理颁布有《中华人民共和国医疗器械监督管理条例》等。不同于我国，南非颁布的《医药及相关物质法》中将所有医疗产品一同进行管理。而从横向来看，SAHPRA管理的药品既包括人用药品又包括兽用药品，例如SAPHRA评估某种药品是否符合公众利益时，既要考虑其对人的健康影响又要考虑对动物的健康影响。

（三）专利监管放松

南非国内的专利监管是由1978年《专利法》专门进行规定的，在《医药及相关物质法》中有专门规定的医疗产品的专利规定。但是相关规定较为特殊，在一定程度上违反了《专利法》的规定。首先，确保供应更廉价药品的措施，该措施为了便利在该国获得更负担得起的药品，允许非专利药物进行仿制替代，同时允许进行药品的平行进口以此来降低药品价格。其次，还规定了在药品销售过程中，专业的医师、药师等从业人员在面对购买药品的公众应当详细告知其药品可以更换的替代品的好处，除非开药人在处方中写下不可替代、可换药品价格高于原药品、产品已被主管当局宣布不可替代。这项规定大大增加了药品市场的透明度，在市场竞争下药品价格直线下降。该种有损专利药品的规定曾经饱受诟病，在1998年南非药品制造商协会（South African Pharmaceutical Manufactures Association）和40家跨国公司联名提起了对南非政府的诉讼，指控南非的这两项法案规定违反了《与贸易有关的知识产权协定》，事件发生后舆论一片哗然，美国和欧共体威胁要实施经济制裁。最后，由于该项措施惠及民众，在巨大的舆论压力下制药公司最终放弃了起诉，该案件也不了了之。

四、南非医疗产品准入与监管法律的启示

正如上文所述，南非经济发达，有经济能力进口大量的医疗产品但同时又有严苛的法律监管规定，我国在对南非出口医疗产品或者选择在南非投资进行医疗产品生产极易违反法律的规定而受到一定程度的处罚，因此投资者、出口商一定要适时遵守以下建议，避免造成经济损失。

（一）在市场准入方面：实质履行注册程序

1. 履行常规注册程序

根据《医药及相关物质法》的规定，SAHPRA 对于需注册产品的规定具有绝对的权力，在产品准入市场时需要按照相关规定进行注册，甚至已经在市场销售的产品也有权力要求进行注册。SAHPRA 可以随时根据公共利益的需要通过政府公报的形式公布需要进行信息披露、注册的产品。在进口过程中的 PITE 的规定同样也需要提交详细的资料和遵守严格的程序。2022 年 4 月 11 日在南非国家卫生部长以及 SAHPRA 上诉天然保健产品联盟的案例中，南非天然保健产品联盟就是犯了这样的错误，在本案中国家卫生部长联名 SAHPRA 起诉联盟的理由就是联盟并未按照《医药及相关物质法》的规定对保健产品进行注册而直接在市场进行销售，联盟则认为两个部门对保健品进行管理是越权行为。同时因为 SAHPRA 的注册申请已经产生了大量的积压，这严重影响了市场的效率。最终南非最高法院判决原告部门胜。因此，尽管某些产品可以越过 SAHPRA 的相关定义的规定，基于其随时对产品进行监管的权力也难以逃脱程序的规定，同时也切忌因为 SAHPRA 工作效率的问题而进行逃避。

2. 积极推动实施医疗产品 GMP

对于疫苗等保质期较短的医疗产品而言，较长的注册进口程序将会导致其丧失有效性，从而造成较大的经济损失，因此进行进口检测豁免显得尤为重要。南非规定的进口检测豁免必须提交 GMP 证书，如果严格按照 GMP 的规定生产医疗产品必然能符合其监管规定。2021 年 5 月，SAHPRA 根据法案规定以及申请注册了 Covid－19 疫苗杨森（Covid－19 Vaccine Janssen），该授权基于疫苗杨森应当在 SAHPRA 规定的 GMP 条件下生产以确保最终产品符合标准。然而 2021 年 6 月其发现美国的巴尔的摩工厂生产的疫苗不符合 GMP 的规定，至此 SAHPRA 立马展开调查，在 2021 年 11 月经过远程检查后彻底确认不符合，同时也不再接受巴尔的摩工厂的任何产品。

（二）在市场监管方面：合理遵守、利用南非监管制度

1. 建立与国际接轨的质量保证体系

提升产品质量不仅能更好地应对监管，也可以打造出品牌效应，极大地增加销量的同时对于整个中国在南非的形象也大有益处。对于产品质量的提升应当从全方位着手。

最基本的是重视药品安全问题、医疗器械使用安全问题，药品安全事故

在南非会受到非常严厉的处罚，小到虚假宣传问题大到致人死亡问题。2021年4月比勒陀利亚高等法院就因涉及伊维菌素的四起案件发布了一项法院命令，要求SAHPRA每三个月就向法院汇报关于伊维菌素的监管情况，而在2021年的9月SAHPRA就表明了基本立场即不允许使用伊维菌素治疗，这一切的原因即是伊维菌素在检测中发现不利于健康，在治疗过程中出现了重度炎症病变。为了有效履行其监管职责，SAHPRA致力于采用质量管理体系（QMS）来指导和协调组织的活动。南非以ISO9001为质量保证体系要求，为了使SAHPRA获得ISO9001认证，整个组织已经开始在质量管理部门协助下实施有效的质量管理体系。我们以该质量保证体系为标准，必定能对接南非的质量监管标准

2. 利用上诉委员会制度维护自身权益

基于SAPHRA在医疗产品监管方面的绝对的权力集中，南非在医疗产品监管方面设有专门的上诉委员会以规制其权力、防止滥用职权。相较于传统的行政诉讼，通过上诉委员会进行上诉往往容易以较低的成本取得满意的结果。上诉委员会并非常设机构，只有在部长召集时才由1名熟悉法律的主席外加4名熟悉上诉事项的成员组成，这些成员必须保障与上诉人没有任何利益联系。同时2名由上诉人提名，另外2人则由SAPHRA首席执行官提名。在对SAPHRA的决定不满意认为其违反了法律的情况下，在30天内可以通知SAPHRA的首席执行官上诉意向，首席执行官在接到通知30天内与上诉人会面并尽量解决问题，如果未能解决，上诉人则可以以书面形式请求部长召集上诉委员会作出裁决。值得注意的是，对上诉委员会不满的一方可以请求高等法院进行司法审查。

3. 遵守、利用南非医疗产品专利监管制度

如上文所述，南非为了保障民生，在对药品进行专利监管时，呈现出较为放松的态度。这对于国内投资者、出口商有利有弊。对于已经进行专利注册的投资者要遵守确保更廉价药品供应的措施，对进行仿制以及平行进口的药品采取价格战的方式获得优势，或者是研究出这些仿制药品没有的治疗效果从而有关当局宣布专利药品为不可替代。而对于没有专利注册的投资者、出口商则更应该抓住机遇，以仿制药的成本低的优势进入南非药品市场。

四、结论

综上所述，我们可以发现南非的医疗市场广阔，潜力巨大，医疗产品出

口南非抑或是投资建厂都大有可为。南非对医疗健康十分重视，其医疗产品的监管法律制度和理论都非常先进，对市场管理严苛，难免使得中国商人或是投资者受到规制造成经济损失，最终导致我国国际形象受损形成不利的恶循环，不利于中非医疗合作。因此，国内投资者、出口商一定要严格遵守法律规定，研究相关政策，在提升自身竞争优势的同时树立好中国形象。中国与南非的合作具有引领性，促进中国与南非的医疗合作既有利于其他行业的合作，也有利于中国与非洲其他国家的合作。

专题三：域外视角

非洲对民间文学艺术表达保护的文化权利范式

【南非】埃宁娜·索迪恩耶·恩沃切[*] 著 邹 琳 周寒君 译[**]

摘 要：人权制度有助于克服非洲国家在保护民间文学艺术表达方面的一些不足。通过研究以下三方面的因素可知，在非洲，通过文化权利的形式保护民间文学艺术中的表达有着重要因由和相对优势：非洲各国宪法和习惯法都对族群的文化权利进行了充分的认可；在国际人权框架中《经济、社会、文化权利国际公约》第15（1）条实质性内容能被扩大理解，将其作为支持族群文化权利的一部分；《联合国土著居民权利宣言》对土著居民权利的认可能进一步强化族群文学艺术表达的文化属性。

关键词：民间文学艺术表达；文化权；非洲习惯法；土著居民；人权

---

* 埃宁娜·索迪恩耶·恩沃切，东伦敦黑尔堡大学纳尔逊·曼德拉法学院教授、私法系主任，法学博士。

** 邹琳，湘潭大学法学院副教授，法学博士，非洲法专业硕士研究生导师；周寒君，湘潭大学法学院非洲法专业硕士研究生。

引言

由族群[①]在长期互动交流中产生的民间文学艺术表达[②]可通过个体化的知识产权法范式进行保护或通过特殊模式加以保护。人权框架，尤其是文化权，可以全部或部分地促进对民间文学艺术表达的有效保护，然而，在关于知识产权是否属于人权的争论仍在继续的情况下，这种观点似乎没有受到太多关注。如果不能在保护个人智力资本和人权之间建立清晰的概念基础，那

---

① Communities，“社群”或者“族群”的表述更契合中国民间文学艺术作品/表达的概念体系，如果单纯从“community”词语的释义出发，用“社群”恰当一些，但如果结合非洲国家人群概念的发展史，可能使用“族群”一词好一点。《民间文学艺术作品著作权保护条例（征求意见稿）》（2014年）中间规定的民间文学艺术作品的著作权主体为特定的民族、族群或者社群；虽然有些学者同样使用了“社区”这一概念，但相较之下“社群”或者“族群”概念的使用更为广泛，不过学者们未对“社群”或者“族群”二词做明显区分，一般混用。参见蒋俊：《部落、部族、族群与民族：非洲研究中主要人群概念的辨析与定位》，《世界民族》2020年第5期；李琛：《论“folklore”与“民间文学艺术”的非等同性》，《知识产权》2011年第4期；易玲：《表演者权视阈下民间文学艺术表达保护路径探析》，《法律科学》2022年第4期；陶乾：《民间文学艺术作品的分层保护——民间文学艺术专门立法的实现路径》，《知识产权》2023年第8期。

② 关于Expressions of Folklore的概念，直译为“民间文学艺术表达”为了与我国相关概念形成一致理解，本文统一译为“民间文学艺术表达”。世界知识产权组织（The World Intellectual Property Organization，简称WIPO）针对上述相关概念的官方表达为“Traditional Knowledge and Traditional Cultural Expressions”，WIPO知识产权与遗传资源、传统知识和民间文学艺术政府间委员会（The WIPO Intergovernmental Committee on Intellectual Property and Genetic Resources，Traditional Knowledge and Folklore，简称：the IGC），在《保护民间文学艺术表达条约草案》中采用的民间文学艺术表达定义似乎也是合适的。《保护民间文学艺术表达条约草案》中所采用的“民间文学艺术表达”被定义为“由某一群体或个人发展和保持的传统文化遗产的特色元素组成的作品，反映了这一群体的传统艺术期望。例如，此类作品可包括以下表现形式或其组合：(i) 口头表达，如民间故事、民间诗歌和谜语；语言的各个方面，如文字、符号、名称、象征和其他表示。(ii) 音乐表达，如民歌和器乐。(iii) 动作表达，如民间舞蹈、戏剧和艺术形式或仪式；无论是否简化为物质形式。(iv) 有形的表现形式，如 (a) 民间艺术产品，尤其是绘画、设计、油画、雕刻、雕塑、陶器、陶土、马赛克、木制品、金属器皿、珠宝、编篮、手工艺品、针线活、纺织品、地毯、服饰；(b) 乐器；(c) 建筑形式。参见https://www.wipo.int/tk/zh/engagement.html。在非洲，关于“民间文学艺术表达”更常用的概念即为“the Expressions of Folklore”，如非洲区域知识产权组织（ARIPO）《关于保护传统知识和民间文学艺术表达的斯瓦科普蒙德议定书》的官方英文表述为“Swakopmund Protocol on the Protection of Traditional Knowledge and Expressions of Folklore”。

么通过人权保护民间文学艺术表达的观点也很难得到认可。

近年来，有关文化权利的三个议题的讨论引起了广泛关注，这使得民间文学艺术表达的人权保护成为备受关注的话题。第一是各国对宪法中文化权利的认识有所提高，承认习惯法是文化权的一种表现形式。第二是《经济、社会、文化权利国际公约》（ICESCR）① 第 15（1）条的实质内容得到了扩大理解，广泛认可其作为文化权的一部分。第三是强化了 2007 年《联合国土著居民权利宣言》（DRIP）② 对土著居民权利的承认。虽然这三个问题并不能证明对民间文学艺术表达通过人权进行保护是最近才出现的现象，但是，与大多数其他涉及人权的叙述一样，即使没有得到实际上的认可，它也一直在进行着。

是否能够通过文化权有效保护民间文学艺术表达，其核心问题在于一个国家在多大程度上承认和确立由族群对其智力资本（包括民间文学艺术表达）的掌控和管理的权利。这意味着在族群与个人之间，决定第三方如何使用其民间文学艺术表达的权利倾向于群体或社群。因此，任何能够让族群保护其智力资本的机制都将有助于保护其文化权利。

在非洲，对民间文学艺术表达的保护有其独特之处，其主要原因在于非洲国家在这个问题上有以下共同点：第一，围绕《非洲人权和人民权利宪章》③ 建立起来的独特的非洲人权制度承认族群权利，其中包括族群的文化发展权利，包括对其智力资本的保护。第二，人们通常理解的土著居民概念在非洲基本不存在。在非洲国家，没有像澳大利亚、北美和南美那样形成一个族群完全占据了被其征服的其他族群领土的情况，有些族群是在某一非洲国家独立后以平等的身份加入这些国家。当然，根据不同族群人口的相对规模及其影响国家权力关系的能力，也存在少数族群。不过，在理解如何保护族群的知识产权问题上，关注族群概念似乎更好。第三，非洲国家的知识产权保护水平较低。这影响了这些国家有效保护民间文学艺术表达的能力。非洲丰富的族群智力资本是受国家知识产权制度保护的个人知识产权的主要组成部分。因此，如何在获取族群知识产权的创造性储备和对其进行应有的保

---

① the International Covenant for Economic Social and Cultural Rights（简称 ICESCR）。

② The UN Declaration on the Rights of Indigenous Peoples（简称 DRIP）。

③ The African Charter on Human and Peoples' Rights（简称 African Charter，《非洲宪章》）。

护之间取得平衡是一项挑战。第四，非洲国家一般都由多元族群构成，过于机械的保护制度有可能导致在确定哪一个民族真正拥有某一民间文学艺术表达时产生冲突。

二、保护民间文学艺术表达的人权框架——文化权

保护民间文学艺术表达的核心是文化权，这是族群保护其民间文学艺术表达的权利，因为民间文学艺术表达是一个民族文化的基本组成部分。要理解如何通过保护文化权利实现上述目标，首先必须认识到文化具有多种含义，这一事实影响着保护的性质。O' Keefe 指出，"文化"一词指的是三个不同但相互重叠且同样有效的概念，它们是：

（1）古典高雅意义上的文化，指传统的艺术、文学、音乐、戏剧、建筑等经典；

（2）更多元意义上的文化，指所有具有创造性思想表现的产品和表现形式，这一定义不仅包括高雅文化，还包括更大众化的现象，如商业电视和广播、大众报刊、当代或民间音乐、手工艺品和有组织的体育运动等；

（3）人类学意义上的文化，不仅指具有创造性和表现性的产品或工艺品，还指一个社会潜在和特有的思维模式。

关于第一种和第二种文化观，文化权意味着个人享有使用积累的文化资本的平等权利。这一观点的延伸是文化发展权，还可以支持这样一种立场，即文化权意味着个人自由创造其文化的权利，以及所有人自由享用这些创造物的权利。第三种观点认为，文化确立了一个族群的身份，并将其与其他族群区分开来。从这个意义上讲，文化权既是针对族群中的个人的，也是针对族群本身的。对个人而言，这是一项在族群中与他人共同享有的权利，因为这使他们能够独一无二并被第三方识别。对族群而言，族群必须通过专门确定其成员和第三方是否以及如何获得其文化，以及明确第三方使用、解释、重新解释和发展其文化资本的背景和语境，来维护其文化特性。因此，这种文化权利观赋予族群权利优先于个人权利。然而，赋予族群这种地位使他们能够以剥夺个人权利的方式行事，这从自由主义的角度来看似乎令人担忧。

一方面，知识产权制度在很大程度上是为保护个人智力资本而建立的，但也是创造者的私人利益与公共利益之间的一种平衡。版权如此，专利和外观设计等其他知识产权也是如此。这些权利赋予了个人决定第三方（包括其族群）如何使用其智力资本的专有权。然而，他的专有权并不是完全的。

在某些情况下，公众可以使用他的智力资本。对族群控制和管理其智力资本的权利的承认也不是完全的或排他性的。在许多情况下，族群会拒绝他人使用其智力资本或决定其智力资本的使用条件，但在另一些情况下，族群成员和第三方必须能够使用这些智力资本。必须这样做的一个充分理由是为了确保个人基本人权的实现。因此，一个族群的成员会保护他们的智力资本，以保障他们的人权，即使这需要他们族群智力资本的再生产。这种可能性承认，任何人权都不是绝对的，包括族群权利在内的所有权利的行使都必须与其他权利的行使相平衡。必须重申的是，族群权利的概念并不意味着排他性。族群权利承认并界定了一个族群如何保护其智力资本。国家并没有因为个人权利可能被滥用而剥夺个人权利。必须认识到，个人寻求不受限制地利用集体创作似乎是错误的，就像个人寻求不受限制地利用他人的智力资本是错误的一样。这种可能性必须取决于个人和族群权利之间的平衡，可以通过国家人权制度的机制来解决，所有这些制度都有限制机制①。

本文的目的是从人类学的角度来看待文化，探讨族群如何管理民间文学艺术表达。民间文学艺术表达指的是族群成员以构成和代表其身份的方式与他人、环境互动的表现形式。事实上，可以说族群为个人自我价值的实现提供了环境。一个人的自尊或价值在很大程度上受到其所在族群所受待遇的影响，因为个人的身份以及人们对这一身份的反应方式都会影响他的自我评判。因此，民间文学艺术表达是一个民族整体经验的一部分，代表着一个民族的文化。它们是族群所固有的，与个人一样值得保护。在智力资本方面，我们的确会本能地排斥和抗拒对族群智力资本进行不当使用的各种情形，但有一个值得思考的问题是，使这些智力资本在得到真实呈现的情况下，也仍不能被我们自由使用？

（一）非洲各个国家国内法中认可的族群文化权利

一些非洲国家在其宪法中保护文化权。例如，1995 年《乌干达共和国宪法》第 37 条规定，每个人都有权与他人共同归属、享有、实践、信奉、维护和促进任何文化、文化机构、语言、传统、信仰或宗教。1994 年《马拉维共和国宪法》第 26 条规定，每个人都有权使用自己选择的语言和参与自己选择的文化生活。1996 年《南非共和国宪法》（下称《南非宪法》）第

① 在 Nwauche 2005 Scripted 一书中，笔者初步研究了 1996 年《南非共和国宪法》第 36 条在保护民间文学艺术表达方面的应用。

30 条规定，人人有权使用自己选择的语言和参与自己选择的文化生活，但任何人在行使这些权利时不得违反《权利法案》的任何规定。此外，第 31 条还规定，不得剥夺属于某一文化、宗教或语言族群的人与该族群其他成员一起享受其文化、信奉其宗教和使用其语言的权利，以及组建、加入和维持文化、宗教和语言协会以及民间社会其他机构的权利。1992 年《加纳共和国宪法》第 26 条规定，每个人都有权享有、实践、信奉、维护和促进任何文化、语言、传统或宗教，但须遵守国家宪法的规定。

1. 非洲各个国家宪法中对族群和群体文化权利的间接承认

许多非洲国家都认为文化权利是个人权利，是对族群权利的间接承认，如果赋予个人的权利要有意义，族群权利就必须繁荣和持续发展。南非宪法法院在 MEC Education KZN 诉 Pillay 一案的判决中认可了这一观点，该判决考虑了学校反对学生佩戴文化和宗教标志的行为是否符合宪法的问题。法院判决的多数方认为，个人信仰是法院应承认哪些信仰和习俗的核心问题，这将个人置于文化权利的中心。多数方认为，该条以《公民权利和政治权利国际公约》(ICCPR)① 第 27 条为基础，涉及的是联合习俗而非个人信仰。少数人认为，从人类学的意义上讲，所有人都有自己的文化。人类生活在族群中，通常会分享使族群生活更有意义的习俗。《南非宪法》第 30 条和第 31 条保护族群内个人追求文化习俗的权利。毫无疑问，这些都是保护南非多样性的重要权利。与《南非宪法》中的所有其他权利一样，这些权利必须根据人类尊严的基本价值观来解释，这一价值观主张人类具有平等的道德价值，每个人都有权选择对自己有意义的生活。在人类尊严的背景下理解文化生活权，强调了《南非宪法》第 30 条和第 31 条中的权利是由人类个体行使的联合权利，而不是属于群体的权利。

或许可以这样理解，只有当个体成员寻求保护其民间文学艺术表达时，才能承认一个族群对其民间文学艺术表达保护的权利。但并不意味着该族群本身不能主张其受保护的权利。少数方的意见的重要意义在于承认了对待文化的正确方式并非如多数方所主张的那样，而是通过对个人真诚信仰的考量，基于对文化共同体所认为的文化实践的理解。因此，如果文化界主张对其智力资本的权利，这完全符合文化的要求。

必须指出的是，MEC Education KZN 诉 Pillay 一案中的多数方显然是对

---

① The International Covenant on Civil and Political Rights，简称：ICCPR。

南非人权框架自由基础的肯定，而这一框架是建立在个人精神之上的。其他非洲国家的情况也是如此，因为它们的文化权利也是如此。这种对文化的保护显然不符合《非洲宪章》保护文化权利的方式。要知道，《非洲宪章》承认所有民族都有权发展自己的文化。显然，本案中少数方的意见更符合传统智力资本的公共性概念。

2. 作为非洲国家族群文化权利组成部分的习惯法

人类学文化权利观的表现之一就是承认文化族群的规范体系。如果文化能够指代族群的生活方式，那么他们安排生活和环境的方式理应被承认为文化内涵和制度规范体系的一部分。这种规范体系通常被称为习惯法。在研究族群智力成果相关问题的语境中，习惯法指的是族群保护其智力资本的规则和程序。习惯法的一个基本特征是以群体为导向，即族群优先于个人。我们在本文中关注的即是保护族群知识产权的习惯法规则。

非洲的习惯法早于现代国际人权体系，是殖民主义的直接产物。欧洲在非洲殖民统治的一个策略就是承认殖民地族群在个人和家庭领域的族群规范的法律效力。此外，他们还利用传统的司法机构来裁决非洲人之间的争端。随着时间的推移，以殖民国家法院的方式组建的地方法院相继成立，以行使这些传统权威的司法管辖权。最后，在许多法院，殖民前的传统司法机构逐渐不复存在。

即使在独立后，习惯法继续运作的方式也与殖民时期相似。在一些国家，如加纳①、塞拉利昂②和南非，宪法承认习惯法。在这些国家，习惯法与普通法等其他法律一样直接适用。但是，在尼日利亚等其他国家，习惯法没有得到直接承认。不过，1999 年《尼日利亚联邦共和国宪法》（以下简称《尼日利亚宪法》）承认了习惯法的体制结构，规定任何州均可设立习惯法

① 参见 1992 年《加纳共和国宪法》（以下简称《加纳宪法》）第 1 条第（2）款："加纳的普通法应包括一般称为普通法的法律规则、一般称为衡平法理论的规则以及习惯法规则，包括高级司法法院确定的规则"。同一部《宪法》第 1 条第（3）款将"习惯法"定义为包括根据习惯适用于加纳特定社区的法律规则。

② 参见 1991 年《塞拉利昂共和国宪法》（以下简称《塞拉利昂宪法》）第 170 条第（2）款，其中规定塞拉利昂的普通法应包括以下内容一般称为普通法的法律规则、一般称为衡平法理论的法律规则以及习惯法规则，包括高等司法法院确定的规则。第 170 条第（3）款将习惯法定义为根据习惯适用于塞拉利昂特定社区的法律规则。

上诉法院，可见在尼日利亚习惯法得到间接承认。① 由于习惯法的适用框架由立法规定，② 所以在许多习惯法不能直接适用的国家，习惯法要接受宪法、法律等层面的有效性检验，这些检验决定了习惯法如何以及何时可以适用。例如，尼日利亚习惯法的适用要经过三个有效性检验：第一是习惯法不得违背“自然正义、公平和良知”；第二是习惯法不得与成文法相冲突；第三是习惯法必须符合公共政策。③ 然而，这些有效性检验标准代表了殖民者的标准和价值观，往往导致了传统形成的习惯法规则在某种情形下实质上被排除适用。因此，适用习惯法规则保护民间文学艺术表达的一个门槛问题是，对民间文学艺术表达如何保护及其相关规则如何通过不同的法定有效性检验。

在非洲，存在着两种保护人权的宪法传统。南非等国家的宪法倾向于保护个人权利，而习惯法则更多地面向族群，这种差异可能会导致其与《权利法案》相冲突。南非法院在审理个人因利用族群民间文学艺术表达而提出的索赔时，完全可以依据《权利法案》来证明索赔的合理性，因为 MEC Education KZN 诉 Pillay 案承认《南非宪法》第 31 条规定的权利是以个人为中心的。因此，在许多情况下，对习惯法及其面向族群的精神的承认可能无法通过人权审查，除非根据《南非宪法》第 36 条，习惯法有资格作为对人权的限制。

尼日利亚④等国遵循的另一个传统是，个人权利受公共道德、公共政策、公共秩序等群体因素的限制。在这些国家，这些群体考虑因素很有可能包括族群的规范，这可能是族群主张保护其民间文学艺术表达的合法途径，而不是个人主张的合法途径。

除了习惯法的有效性及其适用问题，习惯法还被视为一个事实问题，这意味着习惯法必须在法庭上通过证据加以证明。经过多次申请后，法院通常

---

① 参见《尼日利亚宪法》第 245 条和第 280 条。

② 参见尼日利亚 2006 年《习惯法院法（巴耶尔萨州)》。

③ 例如《高等法院法（巴耶尔萨州)》第 16（1）条，其中规定高等法院应遵守并强制执行以下规定：高等法院应遵守和执行不违背自然正义、公平和良知的习惯法，或不直接或因其含义而与该州不时生效的任何成文法相抵触的习惯法。

④ 《尼日利亚宪法》第 45（1）条：“本宪法第 37 条、第 38 条、第 39 条、第 40 条和第 41 条中的任何规定均不得使任何可合理解释的法律无效。(a) 出于国防、公共安全、公共秩序、公共道德或公共卫生的利益；或（b）出于保护他人权利和自由的目的。

被允许对习惯法规则进行司法查明。查明习惯法的一个后果是，司法官员的自由裁量权在承认和确定习惯法规则方面至关重要。这就导致了法院承认和解释习惯法的方式与相关族群的习惯法相去甚远。南非存在类似司法习惯法的东西，被称为“官方”习惯法，因为它涉及政府官员对习惯法的记录。① 因此，所主张的习惯法规则有可能被驳回。在加纳和南非等国，习惯法与其他法律一样是一个法律问题。尽管习惯法的内容理应在法官的考虑范围之内，但由于习惯法是口头的，基本上是不成文的，因此主张的习惯法则也很有可能被驳回。因此，有必要证明习惯法确实存在，并且是它所描述的样子，就像习惯法被视为事实问题一样。

虽然习惯法以群体为导向，但一直以来都是个人试图利用其规则，声称其个人和民间文学艺术表达属于习惯法规则的考虑范围。就本文作者所知，还没有族群为保护民间文学艺术表达而采取行动执行习惯法规则的报道。即使族群有能力这样做，但要证明关于民间文学艺术表达的习惯法规则的存在和内容显然不是一件容易的事。

（2）国际人权保护框架：国际公约对族群文化权利的承认

第二次世界大战后通过国际人权宪章《世界人权宣言》（UDHR）②、《经济、社会、文化权利国际公约》（ICESCR）和《公民权利和政治权利国际公约》（ICCPR）形成的国际人权保护框架承认族群权利。

《世界人权宣言》第 27 条规定：

1. 人人有权自由参加社会的文化生活，享受艺术，分享科学进步及其带来的利益。

2. 人人有权享受其本人的任何科学、文学或艺术作品所产生的精神和物质利益的保护。

文化权利在 ICCPR 和 ICESCR 中具有约束力。ICESCR 第 1 条第（1）款规定“所有人民均有自决权”。根据这一权利，他们自由决定其政治地位，自由谋求其经济、社会和文化发展。ICESCR 第 15 条还规定：

1. 本公约缔约各国承认人人有权：

（a）参加文化生活；

---

① 例如，Bennett Human Rights and African Customary Law. 另见 Bhe 诉地方法官 Khayelista 2005（1）SA 580（CC）8187.

② The Universal Declaration of Human Rights，以下简称 UDHR。

(b) 享受科学进步及其应用所产生的利益；

(c) 对其本人的任何科学、文学或艺术作品所产生的精神上和物质上的利益享受保护。

2. 本公约缔约各国为充分实现这一权利而采取的步骤，应包括为保存、发展和传播科学和文化所必需的步骤。

3. 本公约缔约各国承担尊重科学研究和创造性活动所不可缺少的自由。

4. 本公约缔约各国承认鼓励和发展科学与文化方面的国际接触与合作的好处。

ICCPR 第 27 条规定，在那些存在着种族、宗教或语言少数群体的国家中，不得剥夺属于这些少数群体的人与其群体的其他成员共同享有自己的文化、信奉和奉行自己的宗教或使用自己的语言的权利。

1. 联合两大基本人权国际公约中保护族群权利规定的具体分析

从 ICESCR 和 ICCPR 的内容来看，两份公约第 1 条的规定，显然都主张保护群体权利。ICCPR 第 27 条和 ICESCR 第 15 条也承认个人的集体权利，即他们可以与其他人共同行使自己的权利。这种模式在非洲地区也同样存在。

在区域规范层面①，《非洲宪章》对族群文化权利作出了规定。《非洲宪章》第 17 条第 2 款规定，人人应自由参加其族群的文化生活。《非洲宪章》第 22 条进一步规定，所有人民均有权在适当顾及其自由和特性的情况下，在平等享有人类共同遗产的条件下，实现其经济、社会和文化发展。为了加强各群体的文化发展权，《非洲宪章》第 18 条第 3 款规定，各国应促进和保护《世界人权宣言》所承认的道德和传统价值观。毫无疑问，《非洲宪章》除了承认个人的文化权利之外，还承认族群的文化权利。

---

① 其他一些区域文书也对文化权利作出了规定。第一，1948 年《美洲人的权利和义务宣言》第 13 条第 2 款："每个人都有权参与社区的文化生活，享受艺术，并享受知识进步，尤其是科学发现带来的好处。他同样有权就他的发明或他所创作的任何文学、科学或艺术作品，保护他的精神和物质利益。"第二，1988 年《美洲人权公约补充议定书》（"圣萨尔瓦多议定书"）第 14 条第 1（c）款："1. 本议定书缔约国承认人人有权：a. 参与社区的文化和艺术生活；b. 享受科技进步带来的好处；c. 从他所创作的任何科学、文学或艺术作品所产生的道德和物质利益的保护中受益。"第三，1952 年《保护人权和基本自由公约》（欧洲人权公约）第 1 号议定书 A 1："每个自然人或法人都有权和平地享受其财产。任何人不得被剥夺其财产，除非是为了公共利益和符合法律和国际法一般原则所规定的条件。"

在国际和区域综合规范层面，也已经开始为涉及民间文学艺术表达的文化权利提供一些内容。在这方面，有三份文件非常重要：第一份是经济、社会和文化权利委员会的文件，① 即第 17 号一般性意见（以下简称 GC）：人人有权享受对其本人的任何科学、文学或艺术作品所产生的精神和物质利益的保护（ICESCR 第 15 条第 1（c）款）②，第二份是《联合国教科文组织文化表现形式多样性公约》③，第三份则是《联合国土著居民权利宣言》。

2. 经济、社会和文化权利委员会第 17 号一般性意见

CESCR GC 第 17 号的适用范围见该文件第 1 段：人人有权享受对其本人的任何科学、文学或艺术作品所产生的精神和物质利益的保护，这是一项人权，源于所有人固有的尊严和价值。这一事实使第 15 条第 1 款（c）项和其他人权有别于知识产权制度中承认的大多数法定权利。人权是属于个人的基本的、不可剥夺的和普遍的权利，在某些情况下也属于个人群体和族群。

CESCR GC 第 17 号第 8 段对第 15 条第 1（c）款中“人人”的定义包括族群或个人群体；尽管第 15 条第 1（c）款的措辞一般是指创作者个人（每个人、他、作者），但在某些情况下，个人群体或族群也可以享有因其科学、文学或艺术作品而产生的精神和物质利益受到保护的权利。

CESCR GC 第 17 号第 28 段概述了缔约国的一般法律义务：人人有权享受对其本人的任何科学、文学或艺术作品所产生的精神和物质利益的保护，这与所有人权一样，要求缔约国承担三类义务：尊重的义务、保护的义务和实现的义务。尊重的义务要求缔约国不得直接或间接干涉作者享有精神和物质利益受保护的权利。保护的义务要求缔约国采取措施，防止第三方干涉作者的精神和物质利益。实现的义务要求缔约国采取适当的立法、行政、预算、司法、宣传和其他措施，以充分实现第 15 条第 1（c）款。

经济、社会和文化权利委员会称之为土著居民的任何科学、文学或艺术

---

① A Document of the Committee on Economic Social and Cultural Rights，经济、社会和文化权利委员会，简称 CESCR。委员会的一般性意见非常重要，因为它们为《经济、社会、文化权利 国际公约》缔约国提供了有关公约性质和含义的指导。

② 简称 CESCR GC 第 17 号。

③ 联合国教科文组织（United Nations Educational，Scientific and Cultural Organization，简称 UNESCO）；UNESCO Convention on the Diversity of Cultural Expressions，简称 UNESCO Convention。

作品所产生的精神和物质利益受保护的权利的具体法律义务见第 32 段。委员会建议各国采取措施，确保有效保护土著人民的利益，同时考虑到这些人民的喜好。委员会建议建立一个保护框架，其特点可包括：

（1）根据国家知识产权制度，采取措施承认、登记和保护土著人民的个人或集体著作权；

（2）防止第三方未经授权使用土著人民科学、文学和艺术作品的措施；

（3）有关土著作者自由、事先和知情同意的原则，尊重土著人民知识产品的口头或其他习惯传承形式，以及土著人民对其知识产品的集体管理。

（4）土著人民集体管理其作品所产生的利益。

保护框架的这些特点似乎实际上说明了在知识产权制度中对民间文学艺术表达的保护，尽管它们可能在某种形式上符合特殊保护的条件。从某种意义上说，这种保护框架已经存在于许多国家，包括采用财产范式作为保护民间文学艺术表达最有效手段的非洲国家。CESCR GC 第 17 号所取得的成就可以说确认了包括土著人民在内的族群有权根据第 15 条第 1（c）款保护其知识产品。这一主张的意义在于，CESCR GC 第 17 号草案在考虑这一权利的受益人时并没有将族群包括在内。CESCR GC 第 17 号所建议的保护制度是知识产权法，特别是版权法，这似乎也是不可避免的。这一点从尊重口头和习惯传播方式的必要性中可以明显看出来，这似乎是对民间文学艺术表达的口头性质所造成的固定问题的一种反应。这似乎是一个严重的问题。知识产权法范式的使用并非不可避免，而且即使看起来如此，也存在着一种很大的可能性，即其特点在一个调节良好的环境中会承认赋予权利的后果。一个主要的例子就是对族群知识生产的管理方式有很大的自主权。正如我将在本文后面讨论的那样，示范法及其在非洲的表现形式的主要缺陷之一，就是将民间文学艺术表达的管理权赋予了国家版权机构。这种观点隐含着一种错误的观念，即包括土著人民在内的族群无法管理其智力资本。其实质性内容是没有充分承认土著人民自治权。CESCR GC 第 17 号没有提及作为族群智力资本内在组成部分的习惯法和协议，这也是缺乏实质性自治的明证。

如上所述，CESCR GC 第 17 号承认的是一种习惯做法，即需要克服民间传说表达方式的神秘性所造成的障碍。承认各国应“尊重自由、事先知情同意的原则”似乎是承认土著居民享有实质性自主权的一个例子，尽管如果赋予当地族群决定如何处置其智力成果的专属权利，情况就会不同。有人可能会指出，国家也应承认和登记这些知识产品，这将加强族群的自治。

但要注意的是，登记并不等同于排他性，对其知识产品的排他性权利将决定登记所产生的权利的性质。CESCR GC 第 17 号建议土著人民对其知识产品的利益实行“集体管理”。将集体管理作为解决保护民间文学艺术表达的某些问题的一种手段，必须慎之又慎。它假定所有族群都希望在使用其民间文学艺术表达时得到金钱回报。尽管许多族群希望通过经济回报来占有其智力资本的想法是可信的，但如果不仔细考虑，集体管理的性质似乎会使族群的所有智力资本都可以有偿使用。族群的精神权利和民间文学艺术表达的背景完整性将不复存在。

CESCR GC 第 17 号的另一个深远成就是承认了族群的文化权利不是绝对的。CESCR GC 第 17 号第 22 段规定第 15 条第 1（c）款的权利受到限制，必须与 ICESCR 承认的其他权利相平衡。根据 ICESCR 第 4 条的规定，这些限制必须由法律以符合这些权利性质的方式确定，必须追求合法的目的，必须是促进民主社会普遍福利所严格需要的。第 23 段规定，限制必须是相称的，也就是说，在可以施加几种限制的情况下，必须采取限制性最小的措施。限制必须符合第 15 条第 1（c）款所保护的权利的性质，即保护族群与其创造之间的个人联系，以及使族群能够享受适足生活水准的必要手段。另外，CESCR GC 第 17 号第 24 段进一步要求，在某些情况下，施加限制可能需要采取补偿措施，例如为公众利益使用科学、文学或艺术作品支付适当补偿。

（三）《联合国土著居民权利宣言》对土著居民权利的认可

2007 年 9 月 13 日，联合国代表大会第 61/295 号决议通过了《联合国土著居民权利宣言》（DRIP）。在理解 DRIP 的意义时，参考 2007 年非洲人权和人民权利委员会①就 DRIP 发表的咨询意见②，以解决 DRIP 是对非洲所有族群提供帮助，还是只对土著人民提供扶助的关键问题。其结论是：定义既无必要，也无用处，因为对这个词没有一个普遍认同的定义，也没有一个

---

① Advisory Opinion of the African Commission on Human and Peoples' Rights，简称 ACHPR。

② 见肯尼亚国家人权委员会网站。该咨询意见由 ACHPR 发布，以响应非洲联盟国家元首和政府首脑会议 2007 年 1 月要求联合国大会推迟审议土著人民权利宣言草案的决定。为了考虑到非洲国家的基本关注点，就进行修正展开谈判，即：（1）土著居民的定义；（2）自决问题；（3）土地所有权和资源开发问题；（4）建立独特的政治和经济机构；（5）国家和领土完整问题。

单一的定义能够概括土著居民的特点。相反，更有意义和更有建设性的做法是努力找出能够识别非洲土著居民和族群的主要特征。①

1. DRIP 涉及土著居民权利概念的论述

非洲人权和人民权利委员会将土著居民或族群的特征总结如下：(1) 自我认同；(2) 特别依恋和使用其传统土地，其祖先的土地和领地对其作为民族的集体物质和文化生存具有重要意义；(3) 由于这些民族的文化、生活方式或生产模式与国家霸权和主导模式不同，而处于被征服、边缘化、剥夺、排斥或歧视的状态。②

委员会还指出：在非洲，土著居民一词并不是指第一批居民，而是指与非洲族群或来自其他地方的族群相对的原住民。这一特殊性使非洲有别于其他大陆，在其他大陆，土著族群几乎被非本地人口消灭殆尽。因此，非洲人权和人民权利委员会认为，任何非洲人都可以合法地将自己视为非洲大陆的土著。③ 在非洲，土著居民或族群并非旨在保护某类公民高于其他公民的权利。这一概念并没有在各民族族群之间建立等级制度，而是试图保障历来被边缘化的群体平等享有权利和自由。④

非洲国家的多民族性使得其对不同群体的区分有一定难度，但这一点并不意味着所有种族群体都受到同等对待，历史、经济和社会环境导致不同群体被边缘化。解决这一问题的办法不在于建立一个单独的制度，而在于坚持并确保所有群体在理论上和事实上受到同等对待。DRIP 为确保边缘化群体与其他群体享有同等待遇的努力增添了更多动力。非洲委员会土著居民/族群专家工作组的报告⑤指出，土著居民和族群主要由狩猎者、采集者和牧民组成，其中包括大湖区的俾格米人、南部非洲的桑人、坦桑尼亚的哈德扎贝人和肯尼亚的奥吉克人。⑥ 牧民被确定为：肯尼亚和乌干达的波科特人、坦桑尼亚的巴拉比格人、肯尼亚和坦桑尼亚的马赛人、肯尼亚和埃塞俄比亚的桑布鲁人、图尔卡纳人、伦迪勒人、奥尔马人和博拉纳人、乌干达的卡拉莫琼人，以及苏丹、索马里和埃塞俄比亚的众多孤立的牧民族群等。西非和中

① 咨询意见，第 10 段。

② 咨询意见，第 12 段。

③ 咨询意见，第 13 段。

④ 咨询意见，第 19 段。

⑤ 见 2005 年非洲委员会土著居民/社区问题专家工作组，www. iwgia. synkron. com。

⑥ 见 2005 年非洲委员会土著居民/社区专家工作组，www. iwgia. synkron. com。

非也有一些牧民，如马里、布基纳法索、尼日尔的图阿雷格人和富拉尼人，以及分布在喀麦隆和其他西非国家的姆博罗罗人。①

这些群体需要的是在不同方面进行一定程度的内部治理。DRIP 序言指出，自决权的是保护土著人民的关键。在解释宣言草案中的类似立场时，咨询意见第 27 段指出：非洲人权和人民权利委员会认为，自决权在联合国和区域一级适用于土著居民和族群时，应被理解为包括一系列权利，涉及充分参与国家事务、地方自治权、获得承认的权利，以便在起草与他们有关的法律和方案时征求他们的意见、承认他们的结构和传统生活方式以及保护和促进其文化的自由。因此，这是在行使自决权方面的一系列变化，完全符合缔约国的统一和领土完整。②

需要采取更多的措施来对待土著人民，就像对待少数民族一样，这样平等的概念才不会是抽象和毫无意义的。要知道，殖民地国家中的族裔群体之所以被边缘化，是因为殖民地国家是占统治地位的霸权群体。独立时，所有族群都是在平等的基础上进入新国家的。多年来，非洲国家中的一个或另一个族群以这样或那样的形式取得了统治地位。事实上，在许多这样的国家中，族群交替被边缘化，以至于所有族群迟早都会被边缘化。这也是为什么必须将他们视为相同群体的另一个原因，尽管如果考虑到他们在社会中的不同地位，他们实际上应该受到不同的对待。要做到这一点，就必须给予他们很大程度的自主权，并为其提供充足的资源。

2. DRIP 的法律性质的争议及其相关问题

DRIP 的法律性质是另一个值得考虑的问题，因为它将对各国保护土著人民的模式产生影响。关于 DRIP 的法律性质，有两种相互矛盾的意见。

一方面，对 DRIP 的法律属性投反对票的加拿大、澳大利亚、新西兰和美国观点基本一致。如澳大利亚政府代表认为：所有国家的明确意图是使该宣言成为一个具有政治和道义力量但不具有法律力量的启发性宣言。DRIP 载有关于各国如何促进土著居民福祉的建议，但其本身并不具有法律约束力。由于 DRIP 没有说明当前的国家实践或认为自己有义务采取的法律行动，因此不能将其作为习惯国际法演变的证据。DRIP 没有为任何国际国内

---

① 见 2005 年非洲委员会土著居民/社区专家工作组，www. iwgia. synkron. com。

② 咨询意见，第 27 段。

诉讼或其他诉讼中的法律行动、投诉或其他索偿提供适当依据。① 毫无疑问，在阐述具有重大意义的原则时，宣言是正式和庄严的声明，这种方法使人强烈期望国际社会成员遵守宣言，因此，只要国家实践逐渐证明这种期望是合理的，就可以承认宣言制定了对国家具有约束力的规则。相反，正如斯蒂芬·艾伦所言，它是作为在市一级对土著问题进行法律规范的典范。

另一方面，也有学术观点认为 DRIP 代表了国际法习惯。在伯利兹最高法院最近对玛雅诉伯利兹案②的裁决中法院认为 DRIP 代表了国际法的一般原则③。当然，与安全理事会的决议不同，大会决议通常对会员国没有约束力。但是，如果这些决议或宣言包含了一般国际法的原则，那么各国就不能无视这些原则。该宣言在大会第 61/295 号决议以 143 个国家赞成、4 个国家反对、11 个国家弃权的压倒性票数获得通过。伯利兹投票赞成该宣言具有一定的重要意义，其第 26 条在本案中具有特别的共鸣和相关性，反映了国际法在土著居民及其土地和资源问题上日益增长的共识和一般原则。④ DRIP 被纳入习惯国际法的意义在于，在各国是否有义务执行该宣言从而改变国家对土著居民的保护还没有定论的前提下，DRIP 可以被定性为一种示范法。

3. DRIP 对土著居民权利的具体保护及其例外

DRIP 具体规定的权利之一是保持传统习俗不受外界干扰。第 12 条第 1 款规定，土著居民有权表现、实践、发展和传授其精神和宗教传统、习俗和礼仪；有权保持、保护和私下进入其宗教和文化场所；有权使用和管理其礼仪用具；有权要求归还其遗骸。显然，这项权利将大大有助于土著居民保持对民间文学艺术表达的控制，包括具有神圣性质或特殊意义的表现形式。

---

① 联合国第 61 届大会，第 107 和第 108 次全体会议，GA/10612，2007 年 9 月 13 日，第 5 页。另见美国在第 7 页的声明。

② Aurelio Cal 和 Santa Cruz 玛雅村诉伯利兹总检察长；Manuel Coy 和 Conejo 玛雅村诉伯利兹总检察长。以及 Conejo 玛雅村诉伯利兹总检察长，（合并）第 171 和 172 号申诉。

③ DRIP 第 26 条规定：1. 土著人民有权享有他们历来拥有、占有或以其他方式使用或获得的土地、领土和资源。2. 土著人民有权拥有、使用、开发和控制他们因传统所有权或其他传统占有或使用而拥有的土地、领土和资源，以及他们因传统占有或使用而拥有、使用、开发和控制的土地、领土和资源。3. 各国应在法律上承认和保护这些土地、领土和资源。这种承认应适当尊重有关土著居民的习俗、传统和土地占有制度。

④ 第 131 段。

DRIP 第 18 条所载的参与权和协商权旨在确保土著居民对国家如何设计保护土著居民的模式有根本性的参与。因此，土著居民有权通过他们根据自己的程序选出的代表，参与对其权利有影响的事务的决策，并有权保持和发展自己的土著决策机构。第 19 条要求各国在通过和实施可能影响土著居民的立法或行政措施之前，应通过土著居民自己的代表机构，本着诚意与土著居民协商和合作，使他们事先知情并征得他们的同意。土著居民参与保护其知识产权的一个重要方式是通过规范体系。DRIP 第 34 条规定，土著人民有权根据国际人权标准，促进、发展和保持其体制结构及其独特的习俗、精神信仰、传统、程序、惯例。

然而，土著居民的权利不是绝对的。DRIP 第 46 条规定，土著居民必须在《联合国宪章》的范围内以及在主权和独立国家的领土完整或政治统一的范围内行使其权利。这些限制应由法律确定，并符合国际人权义务规定。此类限制应是非歧视性的和绝对必要的，其唯一目的是确保他人的权利和自由得到应有的承认和尊重，并满足民主社会公正和最迫切的要求。

三、将民间文学艺术表达纳入文化权保护及其优势

1886 年《伯尔尼保护文学和艺术作品公约》（以下简称《伯尔尼公约》）未能有效地处理保护民间文学艺术表达的问题，这导致要求对民间文学艺术表达进行更完善保护的呼声出现。《伯尔尼公约》在 1967 年斯德哥尔摩修订会议上首次讨论了保护民间文学艺术表达的问题。它通过了第 15 条第 4 款,① 作为负责监督将民间文学艺术保护纳入条约的委员会的工作摘要。第 15 条第 4 款甚至没有提到民间文学艺术的名称，并且要求指定国家当局对有证据表明是该国国民创作的未发表的作品进行保护。有人主张采取进一步措施制定保护制度。1976 年，世界知识产权组织和联合国教科文组织的一个政府专家委员会通过了《发展中国家版权示范法》（通常被称为《突尼斯示范法》）。② 毫无疑问，上述文本的规定影响了非洲国家最早通过

① 《伯尔尼公约》A15（4）规定：“（a）对于作者身份不明，但有充分理由推定其为本联盟某国国民的未发表作品，应由该国立法指定代表作者并有权在本联盟各国保护和实施其权利的主管当局。(b) 根据本条规定指定主管机关的联盟各国，应通过书面声明通知总干事，并提供所指定的主管机关的全部情况。总干事应立即将此声明通知联盟所有其他国家。”

② 《突尼斯示范法》，资料来源于：http：//bit. ly/fdfqxM。

版权法保护民间文学艺术表达的立法，塞内加尔就是一个例子。① 即使在当时，对民间文学艺术表达的保护承认民间文学艺术是国家的文化遗产，需要获得授权才能由外国人录制或表演。但这种保护是不充分的，因为它没有得到很好的落实。尽管这些非洲国家的版权法中都有保护条款②，但没有任何令人信服的证据表明，它们曾认真地尝试运用版权或知识产权法律保护的原则来保护民间文学艺术。这也许是由于保护民间文学艺术表达的障碍所致，其中包括独创性、固定性和持续时间等问题。

虽然有了知识产权制度提供基本的保护，但是一个民族族群的成员或同一国家其他民族族群的成员可以在多大程度上使用民间文学艺术表达仍然是一个问题。根据民间文学艺术表达制作的衍生作品在获得适当许可后的地位也是一个问题。无需授权的例外和限制的方式也是一个问题。是根据使用民间文学艺术表达的背景来确定这些例外和限制，还是根据版权立法确定版权例外和限制的通常标准（如合理使用或合理交易）来确定这些例外和限制？在这方面，神圣类型的民间文学艺术表达是否应完全与公众隔绝？什么是承认族群精神权利的适当方式？因此，亟需根据二十多年来出版和使用民间文学艺术的经验，修订这些国家立法。显然，如果在保护民间文学艺术表达的过程中明确各群体的人权性质，这些修订就会非常有效。

国家知识产权制度是一个立法问题，这使人们想到可以对其进行修改，以适应民间文学艺术的表现形式。对独创性的要求可以保持目前的形式，因为它的要求一般较低，这可能使艺术质量不高的民间文学艺术表达有资格获得版权保护。界定作品的并不是民间文学艺术表达的艺术质量，而是族群对某一作品是民间文学艺术表达的认定。在民间文学艺术表达方面，版权改革的一些可能性包括：承认族群代表为版权所有者；取消版权期限的问题。相对草案的相关可考虑将民间传说的表现形式作为版权有限期限的例外，并取消以任何物质形式固定的要求。这些修正案是否可能、可行或适当是另一个问题。

于是，构建一个适当的人权制度将有助于完善对民间文学艺术表达的特殊保护或知识产权保护。因为它在运作时对族群保护其民间文学艺术表达的私人利益与获取这些资源的公共利益之间的适当平衡有着内在的关注和承

---

① 参见 1973 年《塞内加尔版权法》A9：民间文学艺术应属于国家文化遗产。

② 参见 1975 年《版权法》（肯尼亚法律第 30 章）。

诺。人权制度将面临的实际挑战包括确定谁有资格成为族群的问题，以及据以作出这种确定的标准。此外，很难确定国家还是传统族群更适合作为保护机构。由于现代非洲社会的自由基础，始终需要认真考虑个人如何与其族群在使用民俗表现形式方面进行互动。另一个实际挑战是确定习惯法的内容，包括习惯法管辖与族群知识产权的互动。另一个需要考虑的问题是，合同义务在多大程度上可以改变族群的权利。

选择人权制度的一个基本优势是，寻求保护其民间文学艺术表达的族群可以获得一系列补救措施。在适当的补救措施方面仍然存在一些挑战。第一是强制赔偿计划在多大程度上可以发挥作用。第二是与收藏协会有关。它们是否会否定人权？第三是国家人权机构、国家版权机构或行政机构是否更适合通过非正式途径而不是法院在第三方和族群之间进行调解。需要对这些挑战进行更深入的思考，以便更好地理解人权制度如何能够帮助族群保护其民间文学艺术表达。

四、结论

尽管非洲自由主义国家加入了《非洲人权和人民权利宪章》，但它们似乎并不热衷于承认和促进群体和集体权利的主张。上文审查的有关民俗表现形式的近期事件表明，这种态度正在发生变化，尽管这种变化是缓慢的、渐进的。但是，这是值得称赞的，因为这是补充非洲国家通过特殊模式或知识产权法保护民间文学艺术表达的明确而坚定的愿望。人权制度将帮助、澄清、加强和改革非洲国家对族群智力活动的现有保护。

在私营公司和有限责任合伙之间：为尼日利亚小型企业破译路径

【尼日利亚】P. 苏白、艾比·K. 斯提芬* 著 范晓楠 译**

一、引言

越来越多的国家开始采用有限责任合伙公司（Limited Liability Partnerships，以下简称 LLP）这一法律形式，而当尼日利亚通过《2020 年公司及相关事务法》（Campanies and Allied Matters Act，以下简称 CAMA20）① 之时，意味着它也加入了此行列。与公司相似，LLP 通过注册可拥有独立的法律人格。因此它可以自己的名义起诉和被起诉，也可以自己持有、开发或处置财产，不管该财产是动产还是不动产，是实体财产还是虚拟财产。它也可以拥有自己的公章，并合法地从事法人其他任何可从事的行为。它可以永久存续（继承），合伙人的改变并不必然会影响其存续状态、权利或者负债。此外，LLP 中的合伙人可以与公司进行交易，并可保留和任何其他非合伙人同样的权利和义务来对抗公司。

LLP 作为一个独立的法律实体，并不是其合伙人的代理机构，因此除非经过特别授权，否则它并不受到合伙人行为的约束。相似地，它享有实体庇护②，这意味着合伙人个人不能用公司的资产来偿还所欠债权人的债务。但

* P. 苏白，尼日尔三角洲大学的高级教师、美国国际研究理事会理事、纽卡斯尔大学的法学博士；艾比·K. 斯提芬，匈牙利德布勒森大学法律硕士、尼日尔三角洲大学法学学士、尼日尔三角洲大学助理讲师、英国仲裁师。

** 范晓楠，湘潭大学中非经贸法律研究院博士研究生。

① CAMA20 是尼日利亚在过去 30 年间对其公司法进行的首次全面改革。它通过整合数字技术而使尼日利亚公司法更现代化，提升公司的经营效率和便利程度。

② 参见 H. Hansman et al.《法律与公司的崛起》（2006）119 HLR，134.

是，有限责任合伙形式最关键的特点是其合伙人不用为公司或其他合伙人的不当行为而承担个人或替代责任。从本质上讲，有限责任合伙的公司债务和责任只能由公司资产来承担。除了上述特点，LLP 在运营过程中所显现的高度灵活性不免令人联想到合伙关系，因此它无须拘泥于那些公司应当遵守的大量烦琐的法律。

据此，本文将要研究的问题是，在尼日利亚，对业主管理公司和小公司来说，LLP 是否会成为一种可选择的法定形式。事实上，除了拥有公司实体庇护与责任保护两个核心要素，与私人公司相比，LLP 运作的灵活性更高。为了解决这个问题，本文试图对私人公司的历史发展和它的创设初衷及核心要素追根溯源，在这之后，本文将审视 LLP 的显著特征、本质及价值，并试图将两者进行比较，指出他们的相关优势及劣势。本文将论证，即使由于责任保护的相关规定会使 LLP 成为专业性公司的一种选择，但对于业主管理公司和小型企业来说，作为一种可供选择的法定方式，它不太可能取代私人公司的地位。这是因为在尼日利亚，大量的小型公司已经注册成了私人公司，并且 CAMA20 也已经在努力移除一些监管障碍以提升它的吸引力。其次，私人公司本身也有胜过 LLP 的一些优点。本文认为，除了 LLP 本身具有的优点，如果私人公司可以无缝转换为 LLP，如果可根据税务透明协定对 LLP 进行征税，如果 LLP 的注册成本和注册后的合规成本大大低于私人公司，那么 LLP 对小型公司的吸引力就会更大。

本文将分为四个部分。第一部分为引言，第二部分概述私人公司的历史，在第三部分，为了解读公司实体的性质以及它的吸引力，将强调 CAMA20 最显著的特征，因为它们与 LLP 的发展息息相关。而第四部分将着重强调 LLP 和私人公司的各自优势，并得出对于尼日利亚的业主管理公司及小公司来说，他们更倾向于选择私人公司这一形式的结论。

二、私人公司的历史概述

1908 年，英国对其公司法进行了立法改革，这次改革使小型公司、合营公司以及业主管理实体可采用私人公司的形式来运行。作为公司实体，私人公司可免受其成员个人债务与责任的连累，当然，对于那些想要在私人公司形式下进行管理的人们来说，同样也可以从这种责任保护中受益。但是私人公司本身也是环境的产物，它其实是为小型公司而定制的一种公司形式。1844 年英国《股份公司法》以及随后的 1855 年的《有限责任公司法》（这两部法律随后在1862年被合并成了公司法）都令公司的合并与责任保护可以通过相对简单的注册程序实现。但这些法律本来是想针对大型贸易实体而设的。政府期望小型公司作为普通合伙企业或独资企业运行，这样他们的成员或所有者就会对公司债务承担无限责任。当然，尽管法律将焦点置于大型公共机构上，但小型公司和独资企业也在积极寻求各种方法以使其能够以公司形式在1862年公司法下运作。例如，独资企业可以出于信任，添加6名被提名者并使他们拥有股份，通过这种方法来满足所有公司至少要7名成员的强制性要求，这导致了事实上的一人公司（OMC）的兴起，在Salomon诉Salomon有限公司一案中，上议院对一人公司的合法性给予了司法认可。

这种（事实上的）一人公司、小型公司和家庭合伙公司作为公司来运作的缺点在于仍然要服从大量的关于合并及合并后的要求。他们需要举行会议，严格遵守有关章程、宣传、备案、任命董事等程序要求。但是设计这些法律的初衷并不是为了业主管理实体或小公司，因为它们很少产生代理问题，也几乎不会涉及向公众发布证券，而是为了加强对上市公司的管理、限制代理问题以及保护其成员、债权人和公众的一般利益。因此，遵从这些要求对小企业来说是一种烦琐的负担。因此，为了更有针对性地满足小企业和业主管理实体的合并需要，就有必要改变公司形式。[①] 为了达到这一目的，英国议会在1908年颁行了《公司（合并）法》，第121条对私人公司的注册和登记做了规定，并且从这以后几乎没有改动。注册私人公司成了一件很容易的事情，并且它不受上市公司所要遵从的一连串法律的限制。它是一个独立的法律人格，其成员被默认“享有责任保护”，以免除与其存续或运作不相关的监管负担。

传统上，一个注册实体必须有至少2名至多50名成员。但在1908年的法案中，不同于上市公司必须有2名董事，它只要有1名董事便可以运作。而且也不用编写招股说明书或类似说明文件。为了反映其私人个人性质，它不能邀请公众认购证券，章程中也必须包含对股权转让的限制性规定。私人公司的董事在被任命前，无须在公设登记簿上签署任何书面同意文件，也无须持有股份。还有，在正式开始运营之前，它无须取得“商业执照”，也无须在合并开始之时就提交法定文件或召开法定会议。尼日利亚法律体系的很大一部分都承继于英国，所以在有关私人公司的规定方面，自然在很大程度

---

① 参见Gower，supra，note11，535.

上也与英国相似。虽然尼日利亚并没有“继承”1908 年法案及其在私人公司方面的创新，但是在 1990 年颁行并于次年实行的《公司及相关事务法》中，与私人公司相关的很多条款还是和英国的很相似。毫无疑问，成立私人公司能获得补贴这点对于那些寻求合并的企业家来说是很有诱惑力的。事实上，大多数发起人很少直接注册上市公司，而是先将私人公司进行合并再转换成上市公司。

尽管有上述改革，但特别是在英国，私人公司这种法定形式并不能完全满足业主管理公司及小型公司的需求和要求。该观点来源于这样一个事实，即私人公司仍旧需要遵从广泛又严苛的义务。例如，它需要任命董事、举行定期会议、遵守越权限制、向公司监管者提交备案文件以及遵从严苛的解散程序等。它必须在初期就拥有少量的资本并有义务保有一定资产来遵守资产划分规则。它还必须保证安全性以及遵守债权人保护规则，在改变章程时要受到严格的法律程序的限制，在更改董事时也要遵守严格的程序要求。视规模大小决定是否举行会议，它还必须遵守严格的投票、选举、公示等条款。因此，有观点认为有必要创设一种新的法定形式，这种法定形式将赋予成员以有限责任并使他们在经营公司时享有高度的内部灵活性。在英国，这些需求的部分满足是通过引入 LLP 以及对公司法进行改革的方式来完成的，但是 LLP 这一形式却起源于美国而非英国。

笔者无可避免地回想到，合伙公司中的合伙者要为他们同伴的过失行为承担替代责任——如果这个行为是在执行公司业务的过程中作出的。然而到了 20 世纪 80 年代末，授予合伙企业以责任保护的呼声日益高涨 ，在某种程度上，这须与在公司中获得了什么相一致。特别是在美国经历了 20 世纪 80 年代储蓄和贷款崩溃的危机后，律师与审计事务所的合伙人更易受到过失诉讼。于是，美国得克萨斯州《1991 年统一合伙关系法》对 LLP 进行了规定，通过这种做法使那些专业性公司的合伙人的责任保护得到了扩展（扩展了专业性公司的合伙人的责任保护范围），从那以后，LLP 被美国全部州所采用，然后是新加坡、澳大利亚、新西兰、南非、英国以及其他国家，同样地，尼日利亚国家议会也在 2020 年 7 月通过的《公司及相关事务法》的 C 部分规定了 LLP 的登记注册条款。

在深入探究 LLP 的本质前，有必要提及一点，那就是自从该国承继了 1890 年合伙关系法并将其作为一般适用规约之后，注册登记合伙公司的框架就已经存在了。在私人公司成为可供选择的方式前，小型企业就在这个框架下运营。事实上，超过 20 名成员的商业机构被强制要求须作为一个公司来运营（律师事务所和审计事务所除外），这意味着实质上合伙企业的成员只能少于 20 人，且每名成员都要承担无限责任，除此之外，合伙企业也不具备独立的法律人格。这一切似乎都已改变，至少就 LLP 而言是如此。

三、尼日利亚 LLP 法律体制概述

在沿袭了大部分英国模式之后，尼日利亚 LLP 作为公司实体，它的运作倚赖于合伙关系中的内部灵活性。首先，需要向公司事务委员会（Corporate Affairs Committee，以下简称 CAC）提交一份由 2 名或更多合伙人签名的公司成立文件，该文件应当包含 LLP 的名字、拟定业务、注册办公地址、每名合伙人以及指定合伙人的姓名和住址等。CAC 将在收到上述文件的 14 天内为 LLP 开展注册工作，紧接着就是发放公司注册证，这也是公司成立的初步条件。

LLP 作为一个独特的实体，它的性质介于一般合伙和法人公司之间（更偏向于后者）。Morse 将其描述为披着公司外壳的合伙关系。LLP 的一大亮点是它运作的灵活性，合伙人可根据合伙协议，按他们希望的那样开展业务。实际上，LLP 不像公司那样受到如此多限制，它无须召开强制性会议，也免受越权规则的限制，也不用遵守烦琐的程序规定。考虑到它的合伙性质，所有的合伙人都平等地享有公司的资本、利润以及共担损失。对于在正当合理的业务过程中或是为了保全公司及公司财产所做的行为，合伙人可以免于受罚或不用承担个人责任。同样地，对于由合伙人自身的错误而导致的损失，公司也不必担责。

有关 LLP 中的成员身份事项大多属于内部事务，比如增加新合伙人要获得所有在任合伙人的一致同意。这也意味着，合伙人可以依照合伙协议将自己的权利进行全部或部分分配以分享收益及分担公司损失，当然也可接受收益。但受让人无权参与公司管理，也无权接触与公司业务相关的信息。合伙人与 LLP 之间被推定存在代理关系，因此，当合伙人以通常的方式处理公司事务并进行交易时，人们往往默认其行为对公司有约束力。但是事实并非如此，合伙人并不受到 LLP 行为的束缚，也就是所说的责任保护。与普通合伙相反，LLP 中的合伙人之间并不存在代理关系，合伙人 A 并不用为合伙人 B 的行为承担责任。

考虑到它的合伙性质，LLP 中的每一个合伙人都可能会参与管理。但是

与强制公司任命董事和高级职员不同，LLP 无需满足此要求，而只是建议合伙人可以选择将管理责任委托给非合伙人，或者如果他们愿意的话也可以不设管理委员会。即便如此，为了防止所有合伙人都放弃这种保证公司会遵守法定义务的情况出现，每个有限责任合伙公司必须任命至少 2 名合伙人，其中 1 人必须居住在尼日利亚，对公司的法定合规性承担责任。事实上在每一个时间点，都必须有至少 2 名合伙人来确保 LLP 的法定合规性，不管它有没有职能管理。与董事类似，被指定的合伙人在他们被任命之前必须同意签署书面同意文件并且可在他们还具有合伙人身份期间停止这样运作。如果被指定的合伙人少于 2 人这样的情况持续超过 30 天，那么公司的全部合伙人都将被视为指定合伙人，并且要为公司达到法定要求承担责任。

有限责任合伙公司中合伙人自身以及相互间的权利义务都由合伙协议、CAMA20 法案中第 15 个附件还有 CAMA20 Part C 的内容所规定。CAMA20 Part C 中的大部分要求是强制性的，但该附表是以默认方式运行的，因此要服从合伙人在合伙协议中所表达的明确意图。附件事实上也说明了个人可以一直是该有限责任合伙公司的合伙人，除非发生以下几种情况：即个人选择离职、死亡、心智不健全、破产以及被大多数合伙人所驱逐。尽管如此，如果善意第三人与该公司进行交易，前合伙人还是可以被视作有效合伙人，除非该合伙人已公告这一情况，或将合伙关系终止这一公告发送给公司事务委员会。因此，如果该合伙人不想被视作有效合伙人，那么他理应将他要终止担任有限责任合伙公司的合伙人这一情况通知公司事务委员会。还有一点很有意思，合伙关系自身的终止并不能免除前合伙人在辞职前所要承担的义务，因为这些义务还与公司、其他合伙人以及第三方有关。同样地，在扣除累计损失后，该合伙人直至死亡或破产前都可以分享有限责任合伙公司的利润，但应以他为公司所投资本的金额作为上限参照。附件还规定，与有限责任合伙公司相关的问题应当由大多数合伙人一起决定，除了公司经营范围的更改——这需要全部合伙人的一致同意。同样地，合伙人们也没有权力将任一合伙人驱逐出公司，除非协议中对此有所保留。合伙人间的争议如果是由有限责任合伙公司引起的，那么应当按照协议来解决，解决不成的，任意一方可诉诸法院或提交仲裁。

然而，不应将早先关于有限责任合伙不受广泛监管负担的说法理解为该实体及其合伙人不受某些监管的约束。例如，所有的有限责任合伙都必须注册办公地址，并且要将“LLP”或“有限责任合伙”作为名字的一部分。

合伙人也必须在与公司有关的业务中承担会计义务。为了达到这一目的，每个合伙人都要向其他合伙人或他的法定代理人报告真实的财务状况以及会对有限责任合伙公司产生影响的所有事项的全部信息。如果合伙人在未经公司同意的情况下擅自进行业务交易，或者利用了公司的财产、名誉及其他业务关系，那么它要对其产生的利润作出解释。附件还规定，合伙人不得进行与该公司有竞争关系的业务，并且必须对此产生的收益作出解释，除非该项交易获得了公司的同意。有限责任合伙也被强制要求保有账簿，账簿上须以现金制或应计制方式记录公司每年的存续状态，并且要在财政年度发行账目和偿付能力报表。该账簿与报表须由指定的合伙人签名，并每年提交给公司事务委员会审计和归档。

为了给公司及债权人创造初步的资金基础，CAMA20 规定，有限责任合伙的合伙人必须为公司资产作出贡献，这种贡献可以是实体的也可以是虚拟的，可以是动产也可以是不动产，可以是财产也可以是其他符合合伙协议规定的利益。该贡献可以包括金钱、本票、其他协议、已履行或待履行的服务合同。那些想要扩大资金投入的债权人须依赖于协议中所规定的条件，而不是合伙人之间的任何承诺，然后这种初始义务也使他们有权对抗合作伙伴。CAMA20 还规定，那些可对有限责任合伙公司进行有效控制的个人必须在 7 日内告知公司，并且还要写明该控制的具体内容。相应地，该有限责任合伙也应当在成员注册簿中写明每位成员的名字以及那些掌握有效控制权的个人的信息，并在 1 个月内告知公司事务委员会。该信息必须在每年提交给公司事务委员会的文件中公开，公司事务委员会也必须将该人对公司的有效控制权登记在册。有限责任合伙可能会经历调查程序，这种调查的复杂程度不亚于公司。

像公司那样，CAMA20 在 Part C 的第十章规定了有限责任合伙的清算程序，这一章规定，在所有的合伙人都同意的前提下，有限责任合伙的清算可由法院进行，或者当出现合伙人数量少于 2 名的情况持续 6 个月及以上，公司无力偿还债务，公司行为有违主权利益、有损尼日利亚统一，与国家安全和公共秩序相悖，连续十个财政年没有提交它们的账簿和偿付能力报告或年度报告时，法院也可对其展开清算，或者如果法院认为对他们展开清算是公平合理的，也可以选择这样做。如果公司事务委员会基于合理理由相信该有限责任合伙已无法开展交易或不能按照 CAMA20 的规定运作时，它也可以将该公司除名。

就尼日利亚而言，法人人格和责任保护使有限责任合伙成为专业型公司、小型公司以及业主管理实体一个切实可行的法定形式。尤其是现在的责任保护意味着通过有限责任合伙开展贸易的合伙人所要承担的经济损失以他们当时为公司所投入的金额为上限。这种保护使合伙人不必要过度考虑如何管理公司。除了这些，责任保护和独立的法律人格还使得合伙人不再需要对其他合伙人的财政状况进行监控，因为有限责任合伙的存续并不会受到合伙人个人破产、死亡或离职的影响。此种因素促进并加强了有限责任合伙的承继和延续。责任保护还意味着个人可在多家有限责任合伙中担任合伙人，还有，责任保护还为合伙人那些难以通过合同解决的问题提供了解决方式。事实上，在责任保护没有通过立法形式可为有限责任合伙所用的很长一段时间之前，合同中的排除和限制条款就在某种程度上被合伙人用来限制自己的责任。但是即使这种方式已经在一些小型的合伙人管理公司中取得了效果，对于更大的公司来说，因为他们必须与每个潜在的第三方顾客/客户都签订合同，所以这种方式就未免太不切实际，并且昂贵且累赘。另外，这种合同性保护并不能令合伙人免受未与之签订合同的第三方（比如非自愿性债权人）的侵害。

有限责任合伙可以庇护合伙人免受其同事由于过失及不道德行为带来的伤害，这可激励大型专业性公司在尼日利亚蓬勃发展。特别是 CAMA20 并未限制有限责任合伙的成员数量。它希望诸如律师事务所、会计师事务所、审计事务所、产业测量师等专业性公司能够部署资源、发挥协调作用来利用机会，并可以为他们的顾客提供高效服务。有限责任合伙的另一个“卖点”是它相对封闭的性质可起到汇聚专家的作用。这是因为，一些受到监管的专家是不能与非专业的人一起合伙执业的，这意味对于受监管的行业来说，合伙是唯一允许的形式，而不像私人公司虽然必须限制移转，但也无权禁止。

鉴于上述内容，有限责任合伙还能成为小型公司和业主管理实体的主要经营方式吗？它会使私人公司变得冗余或名存实亡吗？尼日利亚会在未来几年见证有限责任合伙的激增吗？为了解决这些问题，笔者将对有限责任合伙与私人公司进行比较与对照，并对二者的有关优势和劣势进行展示和分析。

四、尼日利亚的私人公司时日无多了吗？

对旁观者来说，有限责任合伙的好处好像已经远远超过私人公司了。我们在上文已经提及了它对专业公司的利处。有限责任合伙也可按照自己的规则，在更灵活的机制下运行，这个因素使它对于那些希望通过专业且个性化方式进行交易的人来说是十分理想的，因为它可规定业主和经理间的义务及利益分配。研究表明，与私人公司相比，有限责任合伙还不会受到大量监管义务的限制，当然也有少数义务是它必须遵守且至关重要的。例如，相较于私人公司要承担更严苛的义务约束而言，有限责任合伙不受资产划分规则的约束，也无须满足特定的资本要求。它不受资本维持规则和义务履行的约束，也不用任命董事或经理人。如私人公司规定未满 18 岁的人、失信的董事、债务未偿清的破产者以及心智不清者是不能参与公司创建的，但对有限责任合伙来说，只有后两种人不能成为合伙者。这实际上暗指 18 岁以下的人是可以加入有限责任合伙的，但前提是该公司已经满足了法定的最低条件。类似地，私人公司的成员上限是 50 人，但有限责任合伙却无此限制，这个因素对那些想要建立大型合伙公司的人来说无疑具有很大的吸引力。

尽管有这些好处，但也要承认，私人公司至少在现在以及不远的将来都不会被有限责任合伙所取代。这是在尼日利亚，私人公司已经是占主导地位的法定形式，它在尼日利亚大多数企业家的思想中根深蒂固，这些企业家对有限责任合伙并不熟悉甚至持怀疑态度。私人公司的主导地位仍将持续，因为当很多私人公司面临困难时，它们不大可能愿意转向有限责任合伙。实际上，因为 CAMA20 并没有对私人公司如何转变成有限责任合伙作出规定，所以那些寻求转变的私人公司将不得不通过先终止再随后注册登记为有限责任合伙的方式来进行。但是因为这个过程要花费金钱、时间和精力，除了势必要对法律协定进行重新修订和协商以外，很多私人公司是否会选择重新注册登记为有限责任合伙也令人存疑。而私人公司还会在很长时间内占据主导地位的另一个原因是诸如 1969 年的《石油法》、2003 年的《保险法》、2007 年的《银行和其他金融机构法》等规定，像银行、石油、保险等行业必须由正式成立的公司运营。这意味着除非修订法案以允许有限责任合伙参与，否则公司仍然会保持合适的法定形式在尼日利亚经营。

除了私人公司自身的优点，同样值得一提的是私人公司也有一些胜过有限责任合伙的优势。例如个人无须受到有限责任合伙中的转让限制。有限责任合伙中包含的转让限制会令其丧失对一部分人的吸引力，这部分人所期望的交易机制是能够允许他们快速地将自己的投资售卖或遗赠给第三方的。比起私人公司，有限责任合伙的管理结构更弱。对于私人公司来说，它必须满足两个基本的管理要件：即有会员参与的股东大会和董事会。这些机构理论上可相互制衡以防止权利滥用与过限。此外，因为董事对公司负直接责任，所以他们是利益共同体，并且他们还要受到大量善意原则与注意义务的约束。相比之下，有限责任合伙不必须设立董事会，类似于公司对经理人的资质要求与责任不会强加在有限责任合伙的经理人身上。由于有限责任合伙公司能从中责任保护的价值中有所受益，所以值得一提的是，由于无限责任会使所有人都参与到公司管理中，所以会提升合伙人对管理的注意度。相反，通过有限责任合伙进行贸易的合伙人就没有那么强的积极性来关心公司的运行和管理。

然而，与有限责任合伙形成直接对比的是法律会强制私人公司的董事管理公司，如果没有合理有效的理由而缺席董事会，则他们也要对董事会的行为担责，并且所有合伙者都参与公司管理会有效减少代理问题的发生，当然，如果所谓的合伙经理将他们的利益置于公司的债权人之上，则会对债权人不利。潜在的债权人可能会发现与有限责任合伙做生意要冒更大的风险，因为其将与公司一样，受到严格的资本维持与资产划分规则的约束。而如果缺少这些限制，就意味着有限责任合伙的资产可能更容易耗散，从而损害无担保债权人的利益。由于有限责任合伙必须至少有 2 名合伙者，所以它可能并不适用于那些想要从成立公司这一举动中获利的个人。私人公司更适用于那些想要通过一人成员公司（OMC）或多成员一人公司（MMC）开展贸易的独资企业主。私人公司形式中的人们不用通过详尽的合同来阐明他们间的相互权利与义务，因为 CAMA20 已包含了大量的失责处理规则，这可帮助界定这些关系。对于有限责任合伙来说，如果合伙人想要完全地划定权利边界，他们仍然需要通过合同来进一步约定，因为 CAMA20 仅仅规定了与之相关的基础条款。同样需要指出的是，通过私人公司的形式来开展贸易会为公司的成长与扩张提供更多空间，因为没有多少小型企业甘愿一直当小型企业（维持小型规模）。大多数小型企业最终还是渴望成为大型的盈利能力强的公司。从这种意义上说，在私人公司平台下做生意不仅能使企业通过发行股份来为其实现目标提供资金，还能够使他们无缝转换为股份公司并在受监管的证券交易所寻求上市。

尽管灵活性以及过度管理负担的免除是有限责任合伙胜过私人公司的最大优势之一，但如果深刻考虑，这种鲜明优势很可能是一种海市蜃楼般的存在。首先，这是因为尼日利亚大部分的小型私人公司仅在很少情况下会诉诸 CAMA20。这些公司中的大部分不会召开会议，编制年度保税表格以及观测由法律所设想的公司与其成员间的区别。更重要的是，为了提升私人公司的吸引力和灵活性并使其做起生意来更容易，CAMA20 已经减轻了很多横亘在私人公司发展之路上的监管负担。事实上，尽管有限责任合伙仍然享有比私人公司更高的灵活性，但尼日利亚的业主管理公司和小型企业却是在私人公司的形式下能够更自如地运行，因为他们可以选择是以 OMC 还是 MMC 的方式经营，而加之于这两种形式的监管负担也被大大减轻了。举例来说，CAMA（1990 版）的第 35 条规定了公司成立的一个必备要素是有一份由法律工作者出具的法定合规声明，但这个要求在 CAMA20 中被删去了。该法案还在实质上废除了与公司有关的越权规则，公司的宗旨被默认为是不受限制的，只有在公司章程明确禁止订立合同的情况下，公司订立合同的能力才会受到限制。

CAMA20 在历史上头一次引入了 OMC 并赋予它大量的豁免权。OMC 和小型企业因此不再被强制举行年度股东大会，即使他们要召开股东大会，也不必非得在尼日利亚。私人公司现在也可以由 1 名董事运行，小型的私人公司在年度税收报告的汇编上也享有极大的豁免权。另外，小型公司不再需要配备秘书，可以直接将修改后的财务报表递交给公司管理委员会也可免于法案中有关账目审计的要求。首席执行官和首席财务官需要在准备财务报表时提供企业责任报告的规定也无须再适用于小型公司。同样地，强加于股份公司的一些义务，比如需要在年度报表中写明细节，也不再适用于小型公司。除了这些，OMC 也无须再将会议纪要记于为此目的保留的册子上。

还很有趣的是，因为数字技术的使用，私人公司的备案义务被大大减轻了。例如，公司管理委员会可以用硬拷贝的方式或通过电子媒介来接收申请，当诉讼文件需要进行公司身份验证时，只需要由董事、秘书或者其他经授权的职员签字就可以了，或者如果在 Part B 中进行了特殊规定，则连签字的程序也可省去。而根据该法案，电子签名似乎也可以满足签字要求。另外，转让文书也可以通过电子方式提交。同样地，需要由成员或者董事投票的决议也可以通过电子方式完成，年报所要求的文件也可通过电子方式发送给公司管理委员会。如果有限责任合伙能够按照英国或者美国的一些州所采用的“转手协定”方式进行征税的话，其吸引力会大大提高。但是该举动是否会发生令人存疑，因为如果按照该协定对有限责任合伙进行征税，就意味着该税收收入会进入尼日利亚联邦州政府而不是联邦政府的口袋——不知联邦政府是否会愿意这样。还有一个因素可以增加有限责任合伙的“卖点”，那就是有限责任合伙在成立及成立后按照规定所需要花费的费用远低于私人公司，但这好像不可能，反而是有限责任合伙的合规费用都比小型公司还要高。

总而言之，即使有限责任与实体庇护可以使有限责任合伙能够作为一种切实可行的可供选择的法定方式而与私人公司竞争，但在很长一段时间内并不会取代私人公司。相反，尽管有限责任和实体庇护会使他们受益，尽管MMC对于那些想要在小型公司成立之时进行合作的人们来说仍具有重要意义，但考虑到私人公司所拥有的胜过有限责任合伙的固有优势，对于那些想要体会独立业主那种不受挑战的主导地位的人们来说，OMC会成为他们选择的法定形式。事实上，有限责任合伙对于那些受监管的行业的人们，吸引力也是有限的。

本文认为，尽管有限责任合伙具有很强的灵活性、宽松的规定，有限责任和实体庇护等优点，但在尼日利亚，并不会取代仍占据主导地位且根深蒂固的私人公司，况且根据法律规定，诸如石油业、银行业和保险业等这些公司也只能采取（私人公司）这一形式来运行。不管是从私人公司到有限责任合伙这一转换过程缺乏相应规定，还是CAMA20实际上已经在很大程度上为私人公司削减了监管负担，这都使得在有限责任合伙形式下进行贸易不再那么具有优势。

从2014年开始，尼日利亚经济受到了全球石油业衰退（低迷）的消极影响。首先，从2014年到2016年，石油出现了供过于求的情况。其次，当经济开始回弹时，又受到新冠疫情的影响，尼日利亚在（第一次经济衰退的）20年后经历了第二次经济衰退。减轻对石油的过度依赖以及对经济多样化的需要比以往任何时候都更加强烈。为了实现这一目标，尼日利亚政府有必要激励一些非正式行业在切实可行的法定模式下运行，这些模式在保证它们受到监管的同时还要能给予它们大量的自由来开展贸易。从这一意义上，私人公司脱颖而出，它能够很好地提升和保护其成员、债权人和与之交易的第三方的利益。私人公司作为一种一般模式更具有普适性，且与之相关的更详尽的规则制度可提升治理水平并减少管理不善的事情发生。而从2021年开始对该模式的改革令它对使用者更友好了，特别是对小型企业和业主管理公司来说。当然，有限责任合伙的引入也同样值得赞扬。即便如此，尼日利亚应该考虑仅仅限制专业型公司的（运营）模式，在这方面，它应该赋予其税收优势及结构优势，以提升其在日益全球化的世界中的竞争力。最后，有限责任合伙的引入对尼日利亚的商人来说是种双赢，因为这为他们增加了组织形式的选项。但在实践中表现如何，还有待进一步观察。

坦赞铁路：对坦桑尼亚、赞比亚和南非的贡献

【坦桑尼亚】达马斯·丹尼尔·恩杜巴洛* 著
董秋彤 译 常 芸 校**

一、介绍

目前，中国和非洲已建立了牢固的历史、经济、社会、政治、军事和文化联系，这最早可以追溯到14世纪。在中世纪，中非交往可通过访问中国的非洲学者、旅行者，以及访问非洲的中国旅行者加以证明。摩洛哥著名旅行家、学者伊本·白图泰于1345年4月长途跋涉前往中国，他这样描述："对于旅行者来说，中国是最安全、监管最好的国家。一个人可以独自旅行9个月，随身携带一大笔钱，毫无畏惧。即使是贫穷的僧侣和乞丐也用丝绸做衣服。它的母鸡比我们国家的鹅还大。"让世界从服装、和平与安全、优质瓷器以及当时中国人的高质量生活水平中看到了中国智慧。

坦桑尼亚基尔瓦的考古发掘证明了更早期的古代中非关系，从中发现的许多来自中国的硬币和其他瓷器遗骸可以追溯到宋朝。值得注意和赞赏的是，中非关系是历史性的，14世纪就已存在。

非洲在中非关系演变中的作用，往往被许多当代西方评论员忽视。这种关系并非中国单向促进；相反，非洲个人和政府有自己的行动，即主动与中

---

* 达马斯·丹尼尔·恩杜巴洛，法学学士、法学硕士（达累斯萨拉姆大学）、博士（坦桑尼亚开放大学）、律师、公证人和监誓专员、注册仲裁员（坦桑尼亚仲裁员协会），现任坦桑尼亚文化、艺术和体育部长，湘潭大学中非经贸法律研究院特聘教授。曾任坦桑尼亚开放大学高级讲师兼法学院院长、坦桑尼亚－赞比亚铁路局前副总经理。

** 董秋彤，湘潭大学法学院法律史专业硕士研究生。常芸，湘潭大学法学院诉讼法学专业博士研究生。

国接触并建立关系。

“患难见真情”。① 分析今天中国在非洲创造不容忽视的经济价值，我们就会明白这一点，这可以追溯到20世纪50年代的非洲解放运动时期，当时中国通过培训、军事装备、金融和技术援助等形式向非洲国家提供帮助。正因为如此，我们才看到了今天中国与非洲在各方面的紧密联系。

二、全球视野下的坦赞铁路

1960年年末，中华人民共和国、坦桑尼亚联合共和国与赞比亚共和国，在当时领导人的带领下，经赞比亚政府讨论同意开始实施一项艰难的铁路项目，该项目旨在将赞比亚与达累斯萨拉姆港连接起来。通过修建乌胡鲁铁路，对伊恩·史密斯领导的南罗得西亚政权单方面宣布独立作出回应。该项目的出台受南罗得西亚政治决策的影响，因此很难与非洲解放运动及全球冷战分开。冷战将世界一分为二，乌胡鲁铁路项目也受其影响。当东方国家（包括非洲国家）紧跟中国的节奏动工时，西方国家却暗讽中国并不具备在非洲开展该项目的能力。西方国家的评论主要聚焦于两方面：一方面，中国铁路工程技术落后，没有能力在非洲修建铁路；另一方面，即使他们建成该项目，也是大而无用，无法切实惠及非洲。由此背景，坦赞铁路从一开始就引人注目。冷战政治对坦赞铁路的影响是显而易见的，坦桑尼亚联合共和国总统尼雷尔曾说过：世界上所有的钱不是红钱就是蓝钱。我没有自己的“绿钱”，那么我从哪里可以弄到一些呢？我并没有采取冷战立场。我想要的只是建设的资金。

面对尼雷尔回应，西方国家别无他法，只能挑起新一轮的舆论战。

坦赞铁路从1970年开始艰苦施工，1974年完工，1975年移交给坦赞铁路公司运营。有识之士认为，坦赞铁路是20世纪70年代在非洲修建的1860公里铁路基础设施中最出色的一条，其设计能力为每年200万吨，可扩展至每年584万吨，在现有93个车站的基础上还可能增加54个车站。它的年客运能力为200万人次。从技术上讲，坦赞铁路要经过姆林巴—乔齐山区，全长545.9公里，坡度为2%，弯道半径为200米。

中国和非洲国家都在为这样一个不朽工程的胜利竣工而庆祝，它不仅服

① 中华人民共和国外交部政策规划司：《中非友谊纪念碑——坦赞铁路建设第一手资料》，世界知识出版社2015年版，第5页。

务非洲，巩固了中非关系，更重要的是它彰显了中国铁路技术的独特优势。

坦赞铁路是中国与坦桑尼亚和赞比亚睦邻友好关系的标志。而在全球范围内，坦赞铁路又象征着中国铁路工程技术在世界上的优势地位。中国铁路工程技术从坦赞铁路走向世界，与世界其他一流技术同台竞技。

三、坦赞铁路与和平、安全

本节的讨论焦点是坦赞铁路局在中非关系中对坦桑尼亚、赞比亚乃至整个非洲的贡献。本节将从和平与安全两方面展开，更多关注和强调坦桑尼亚－赞比亚铁路局（坦赞铁路）从建设至今在保障、促进南非和平方面所发挥的作用。在正题开始前，关于本节中“中非关系”一词，指的是从解放运动至今在南部非洲国家开展的中非合作。

不同的学者在不同的背景下讨论“和平与安全”，可能会产生不同的含义。当一个城市或一个国家的任何其他地区发生暴力活动时，我们会认为和平与安全受到了威胁。而和平与安全这两个词应该是分开使用的。所有宗教都力图阐释和平。在笔者看来，我们关注的是心灵的和平或家庭或社区的和平。和平与安全的关系是辩证统一的，一方面其在具体运用中可以被分开解读，而另一方面，和平与安全合并理解时，则是个人、机构、地区、国家和世界在没有任何威胁的情况下前进的一种状态。在这种情况下，地区或国家的国内局势通常更加稳定，可能实行民主治理，并尊重人权。缺乏和平与安全不仅会造成威胁和恐惧，还会阻碍经济、社会或政治进步。

当我们谈论和平与安全时，通常将其与传统概念中的和平安全进行比较，而在传统概念中，和平安全更侧重于军事或武装冲突的危险或威胁。这种危险的根源是一个国家威胁或被怀疑要对另一个国家采取军事行动。这不仅危及国家主权、独立和领土完整，也危及人民的生命。

新的或非传统的和平与安全概念更为宽泛，超越了军事威胁的范畴，涵盖了人类生存的各种危险和威胁。这一概念不仅包括地区和国家，还包括个人或社区以及全人类。这一概念主要针对个人。诚然，保护人民免遭外来攻击是和平与安全的必要条件，但这并不是和平与安全的全部。事实上，和平与安全应被视为社会经济发展和维护人类尊严的先决条件。

新的和平与安全概念为：使个人免于饥饿、疾病、环境退化、剥削和非人待遇。在此背景下，新的和平与安全概念建立于军事攻击之外的威胁，例如恐怖主义、叛乱、种族灭绝、剥夺人权、流行病、毒品贸易和自然资源的不合理使用。在不同和更广泛的背景下以不同的方式使用这些术语有时会使我们感到困惑。因此，应该从个人、社会、国家和国际的角度全方面来理解和平与安全。

就我们讨论的目的和本文的背景而言，和平与安全是指：没有战争、暴力和动乱活动，没有对个人、机构、地区和国家的威胁，从而使社会成为最适宜居住的地方，以达到促进经济、社会或政治进步，保障适当和公平的人类待遇的目的。综上，保障和平与安全是修建连接坦桑尼亚和赞比亚的非洲大乌胡鲁铁路的主要原因。

坦赞铁路对南部非洲和平与安全的贡献体现在各个方面：从协助南非、安哥拉、津巴布韦等国开展的政治解放斗争，到沿线及其他邻国的社会经济解放。坦赞铁路在冷战和解放运动期间为非洲的和平与安全所做的贡献不仅体现在军事后勤、装备以及物质和道义支持，还体现在与铁路线的建设和运营相关的社会经济影响。

自由运动时期出现了关于如何确保和平、安全的思考。人们清晰认识到，只有在满足和平与安全的条件下，民主制度才能发挥作用。如果没有和平，就无法加快发展进程。正因如此，自由运动的领导层表示，独立派将竭尽全力维护和促进国际和平与安全。坦赞铁路向南部非洲的所有反殖民主义和反种族主义运动提供了后勤、道义和物质支持。

发展与和平、安全之间存在着相互关系。一方面，没有和平与安全，民主就无法运作，发展也就无从谈起。和平对于各个领域的发展更为重要。如果存在动乱、暴力或战争，任何发展运动都是不可能的。另一方面，没有自由、民主和发展，就无法实现和平。发展也能促进和平。正是通过发展，国家才能确保人民的社会和经济进步，提高他们的生活质量。发展举措有助于维持和平、安全与稳定。中国认识到发展对和平、安全与稳定的重要性，通过建设、管理和技术支持连接达累斯萨拉姆海港和赞比亚的大乌胡鲁铁路线，与坦桑尼亚联合共和国和赞比亚共和国共同致力于南部非洲的和平、安全与稳定建设，坦赞铁路在促进该地区和平与安全方面发挥的积极作用将永远被后人传颂。

早在 1947 年，坦噶尼喀和北罗得西亚希望分别在坦噶尼喀西南部和北罗得西亚东北部的广大地区进行农业开发，并诞生出通过铁路连接中部和南部非洲国家与东部沿海地区的想法。在坦噶尼喀方面，这一计划已讨论多年，而在北罗得西亚方面，到 1963 年，在肯尼思·卡翁达博士的倡导下，这一提议开始得到重视和支持。早些时候，殖民定居者对该项目进行了多次调研，几乎所有的调研都宣布，拟议中的线路在经济上是不合理的。当时正值解放运动时期，这些结论显然带有政治色彩。殖民者担心这样一条铁路会影响他们在该地区的利益，事实上，这条铁路线具有明显的经济可行性，特别是在促进沿线和各国国内的农业发展方面。综上所述，坦赞铁路项目有助于促进走廊沿线的农业活动，保障和平与安全。

1965 年 11 月 11 日，罗得西亚的伊恩·史密斯政府（罗得西亚阵线党反对立即将权力移交给英国自治殖民地的黑人多数统治）单方面宣布从英国独立。1965 年南罗得西亚单方面宣布独立、殖民主义和南非的种族隔离政策催生了总部设在坦桑尼亚达累斯萨拉姆的前线国家。前线国家的主要目的是解放受殖民主义和种族隔离统治的南部非洲国家。这场斗争的目的是通过修建大乌胡鲁铁路线，保障南部非洲所有国家的独立、和平与安全。

赞比亚共和国总统肯尼思·卡翁达和坦桑尼亚联合共和国总统朱利叶斯·尼雷尔为修建北线进行长期谈判，以帮助赞比亚和其他内陆国家减少对伊恩·史密斯政权修建的南罗得西亚线路的依赖。但由于北罗得西亚单方面宣布独立，连接赞比亚和坦桑尼亚的北线铁路计划具有紧迫性。包括赞比亚在内的前线国家和其他支持北罗得西亚解放运动的国家拒绝承认伊恩·史密斯白人少数种族主义政权。为此，伊恩·史密斯白人少数派政府封锁了赞比亚经济命脉——南线。如果我们回想一下赞比亚在南线关闭后所面临的经济封锁，那么将会得出结论：坦赞铁路的存在是有益的，是赞比亚经济的救星。而帝国主义对坦赞铁路发挥的积极作用并不满意，他们声称要通过轰炸摧毁坦赞铁路。

争取津巴布韦、纳米比亚、安哥拉和南非独立的政治力量在坦桑尼亚达累斯萨拉姆出现，南罗得西亚少数白人政权关闭了南部路线，修建连接坦桑尼亚和赞比亚的铁路线，这将有助于反殖民主义斗争，确保南部非洲国家的和平、安全与发展。坦赞铁路为南部非洲国家摆脱政治和经济压迫所做的贡献不需要放大镜就能看到。

尼雷尔总统很快求助于西方及其金融机构资助其修建该项目，但他们都拒绝了这一提议，理由是该项目在经济上并不可行，苏联也同样拒绝资助。最后，他选择了中国，当时中国刚从三年严重困难时期恢复，经济疲软，人民生活困难。但他向中国提出的请求得到了毛主席的回应："你们有困难，我们也有困难。但你们的困难与我们的不同。即使我们无法在自己的土地上修建铁路，我们也会帮助你们修建这条铁路。”

南部非洲国家之间在和平、安全、社会、经济、外交和政治方面的长期良好关系的种子在这次北京外交会晤后萌芽。这也是中国最成功的铁路工程技术之旅的开端，并将继续向世界证明中国有能力与在该领域实力最强的国家竞争。中国有一个很好的平台来展示中国铁路工程技术的水平。坦赞铁路项目竣工后，每个人都对中国在铁路技术方面的能力给予了肯定，尤其是对坦赞铁路项目在各方面的贡献给予了高度评价，其中有些贡献在项目初期是无法预见的。

四、坦赞铁路与国际法、政治和国际关系

1967 年 9 月 5 日，中国、坦桑尼亚和赞比亚三国政府在北京签订了第一份与铁路项目有关的法律文书。最初的设想是铁路从坦桑尼亚的基达图到赞比亚的坎波约。后经修订，全长 1860 公里、轨距 1067 毫米的铁路起点为坦桑尼亚达累斯萨拉姆港，终点为赞比亚新卡皮里姆波希。

1968 年，坦桑尼亚和赞比亚议会按照国际法国内化惯例，颁布了两项法定文书，以将 1967 年《北京协定》国内化、赋予权力并予以实施。这些立法落实了 1967 年条约中规定的各种事项以及与铁路线建设有关的其他事项。值得注意的是，正是这一法律文书建立了名为“坦桑尼亚 – 赞比亚铁路管理局”，拥有铁路的所有权、运营和管理权。坦桑尼亚 – 赞比亚铁路管理局成立于 1968 年 3 月，勘测和设计工作于 1968 年 10 月开始，于 1970 年 5 月完成。

另一项条约于 1970 年 7 月签署，中国同意向坦桑尼亚和赞比亚提供总额为 9. 88 亿元的无息贷款，分 30 年偿还，用于支付修建线路、车站和培训学校等配套基础设施以及购买动力和机动车辆的费用。坦赞铁路是当时中国最大的单项对外援助项目，初始建设成本为 5 亿美元，相当于今天的30. 5亿美元。中国为南部非洲的解放、发展和和平与安全作出巨大贡献。

该线路于 1970 年 10 月开工建设。当时的赞比亚总统卡翁达博士和坦桑尼亚已故总统姆尼雷尔分别在坦桑尼亚的达累斯萨拉姆和赞比亚的卡皮里姆波希为开工典礼正式揭幕。这是中国在非洲开展最令人敬畏的工程壮举的开端。

1968 年协议于 1968 年 10 月 3 日签署，随后被双方于 1972 年 12 月 17 日签署的另一份协议废止并取代。此时，施工正如火如荼地进行，几乎接近

高。等级是基于专家判断和对实施 AUDPC 所面临挑战的分析。评分表考虑了以下因素：

– 复杂性：该因素考虑到法律、技术和实践方面，评估应对挑战的难度，实际。

– 普遍性：该因素评估挑战在非洲国家的广泛程度，以及它是影响大多数国家还是少数国家。

– 潜在影响：该因素衡量如果不加以解决，该挑战可能带来的后果，考虑对数据隐私、保护和跨境数据流的影响。

评定等级的目的是对各项挑战进行相对比较，帮助利益相关方确定需要更多关注和资源的领域并确定其优先次序。然而，必须注意的是，这些评级是主观的，可能会因各个国家的具体情况和优先事项不同而有所不同。在随后的章节中，我们将讨论每一类挑战，直观地说明其严重程度和评级理由。这一分析将有助于理解与实施 AUDPC，并强调解决每个问题以确保成功实现 AUDPC 目标的重要性。

研究显示，缺乏数据保护法律的挑战程度最高（5 级），表明这是一个需要解决的关键问题。这一挑战反映出许多非洲国家尚未制定和实施全面的数据保护法律。如果没有这些法律，政府和组织将很难确保遵守 AUDPC 并保护个人隐私权利。

多样化的法律体系和平衡国家安全与数据隐私这两项挑战的挑战度为 4（满级 5 级），表明它们对实施过程具有重大影响。非洲大陆法律体系和传统的多样性使数据保护法律的协调变得复杂，因为每个国家都必须首先协调本国法律与 AUDPC 条款之间的关系。此外，在国家安全和数据隐私之间取得适当平衡也很微妙。各国政府必须确保拥有保护公民和维护公共秩序的工具，同时遵守 AUDPC 规定的义务。

非洲大陆法律体系和传统的多样性使得协调数据保护法律变得更加复杂。每个国家都必须首先协调本国法律与 AUDPC 条款之间的关系。由于各国必须处理好 AUDPC 与其现有法律框架之间的潜在冲突，因此这一过程可能既漫长又耗费资源。鉴于协调统一对于成功实施 AUDPC 的重要性，这一挑战被定为 4 级（满级为 5 级）。

此外，许多非洲国家仍处于制定数据保护法律框架的早期阶段。缺乏全面的数据保护法律会阻碍 AUDPC 的有效实施，因为没有此类法律的国家可能缺乏必要的法律工具来执行 AUDPC 条款。这一挑战也为企业和组织在数据隐私和保护责任方面带来了不确定性。普遍缺乏全面的数据保护法律及其对 AUDPC 实施的直接影响，导致了 AUDPC 的实施被赋予了最高等级 5 级。

在国家安全和数据隐私之间取得适当平衡是政府的一项微妙任务。保证在遵守 AUDPC 义务的同时，确保有必要的工具来保护公民和维护公共秩序是一项具有挑战性的任务。这种平衡对于跨境数据传输以及执法和情报机构之间的合作至关重要。由于寻求这一平衡的复杂性及其对个人隐私权和国家安全的影响，这一挑战被定为 4 级。

1. 技术和基础设施挑战比较

研究发现，网络安全威胁的挑战程度最高，表明这是一个需要解决的关键问题。针对非洲国家的网络攻击日益猖獗，数据泄露对数据保护法的有效性和公众对数字服务的信任产生了潜在影响，因此这一评级是合理的。

数字鸿沟和新兴技术的挑战程度为 4 级，表明其对实施过程具有重大影响。数字鸿沟挑战的严重性是由整个非洲大陆在获取 ICT 方面的不平衡所决定的，这可能会阻碍 AUDPC 的有效实施，并加剧现有的社会、经济和政治不平等。应对这一挑战需要大量投资，扩大 ICT 基础设施和数字扫盲计划。

新兴技术以及人工智能、物联网和大数据分析等技术对数据隐私的潜在影响证明了这一挑战的严重性。这些技术通常涉及收集、处理和分析大量个人信息，引发了对公平性、透明度和问责制的担忧。为应对这一挑战，各国必须确保其数据保护法律法规足够灵活，以适应技术进步，同时提供强有力的隐私保护。

通过可视化效果以及所分配的量级背后的理由，我们对 AUDPC 实施过程中遇到的一系列技术和基础设施障碍有了更深入的了解。应对这些挑战对于成功实现 AUDPC 目标至关重要。

2. 能力建设和认识方面的挑战

我们分析发现，DPA 资源有限和能力建设的挑战程度为 4 级，表明它们是需要解决的重大问题。DPA 在执行数据隐私法律和确保遵守 AUDPC 方面发挥着至关重要的作用，因此，DPA“资源有限”挑战的严重程度是合理的。许多非洲国家在为建立和维持有效的 DPA 提供充足资源方面面临挑战，这可能会阻碍其有效履行职责的能力。

能力建设挑战的重要性（4 级）在于需要确保政府、企业和公民社会组织能够有效地实施 AUDPC。这包括对法律专业人士、执法人员、IT 专家和其他相关利益方进行数据保护原则、最佳实践和公约要求方面的培训。充分的能力建设对于在组织内部培养隐私文化、确保利益相关方有能力应对数据隐私和保护方面不断变化的挑战至关重要。

缺乏公众意识挑战的程度为 3 级，表明其对实施过程的影响较大。这一评级是合理的，因为提高公众对数据隐私权的认识对于确保成功实施 AUDPC 非常重要。缺乏了解可能导致对侵犯隐私行为的报告不足，并减少对更有力的数据保护措施的需求。提高公众认识的工作可包括编制教育材料和开展宣传活动、举办研讨会，以及利用社交媒体和其他数字平台向广大受众进行宣传。

通过可视化效果以及所分配的量级背后的理由，可以更深入地理解与实施 AUDPC 有关的各种能力建设和认识障碍。这凸显了应对每项挑战以成功实现 AUDPC 目标的重要性。

3. 协调和跨境合作挑战

分析发现，统一数据保护框架的挑战程度较高（4 级），表明这是一个需要解决的重大问题。这一挑战的严重性是因为隐私保护标准的一致性以及促进非洲大陆内部跨境数据流动的必要性。要实现这一统一，需要调和法律传统的差异，解决现有数据保护法律的空白，并确保与国家立法的兼容性。

跨境数据传输和国际合作的挑战程度为 3 级，表明其对实施过程的影响较大。“跨境数据传输”挑战之所以如此严峻，是因为在确保充分保护隐私的同时，越来越需要建立促进跨境数据传输的机制。这可能涉及实施诸如适当性决定、标准合同条款和具有约束力的公司规则等措施。

国际合作挑战之所以巨大，是因为必须与国际合作伙伴和全球组织合作，以确保非洲国家能够有效参与全球数字经济并保护其公民的隐私权。这种合作可能涉及分享最佳实践经验、提供技术援助和参与政策对话，以应对共同的挑战和新出现的数据隐私和保护问题。

通过观察可视化效果以及所分配量级背后的理由，我们可以更深入地理解与实施 AUDPC 相关的各种协调和跨境合作挑战。通过强调解决每个问题的重要性，我们提出了成功实现 AUDPC 目标的必要性。

四、AUDPC 的未来发展方向

为了有效应对与实施 AUDPC 相关的挑战，并保护整个非洲大陆的个人信息，必须关注几个关键的未来发展方向。本部分将探讨加强构建法律和监管框架、提高技术和基础设施能力、促进能力建设和提高认识活动、促进协调和跨境合作以及参与全球数据保护趋势和发展的重要性。

（一）加强构建法律和监管框架

加强构建非洲国家的法律和监管框架对于创造全面的数据保护环境至关重要。这需要审查和更新现有的数据隐私法律，弥补现行法律中的漏洞，并根据 AUDPC 的原则通过新的法规。各国政府应与包括私营部门、民间社会和学术界在内的利益相关方合作，确保构建的框架能够满足各方的需求和关切，并促进隐私文化的发展。

（二）提高技术和基础设施能力

提高技术和基础设施能力对于在数字时代保护个人信息至关重要。非洲国家应投资改善 ICT 基础设施，促进隐私保护技术的创新。这可能涉及支持研发活动，与私营部门建立合作伙伴关系，推广开源技术，以确保可获取性和可负担性。

（三）促进能力建设和宣传活动

为应对能力建设和认识方面的挑战，非洲国家应投资于培养利益相关方（包括政府官员、执法人员和法律专业人士）的技能和知识。这可以通过研讨会、培训项目和合作学习机会来实现。此外，还应开展提高公众意识的活动，以教育公民了解其数据隐私权，并促进隐私文化的发展。

（四）促进协调和跨境合作

促进统一和跨境合作对于促进数据自由流动和确保整个非洲大陆的隐私保护标准一致至关重要。非洲国家应开展对话与合作，调整数据保护框架，建立跨境数据传输机制。这可能涉及建立区域工作组、共享资源和专业知识，以及参与数据隐私相关的国际论坛和倡议。

（五）参与全球数据保护趋势和发展

非洲国家应积极参与全球数据保护趋势和发展，以确保其数据隐私法律法规保持更新和有效。这可能涉及参加国际会议、与全球性组织合作、监测新兴技术及其对数据隐私的影响。通过了解全球趋势和发展，非洲国家可以更好地预测和应对在日益相互关联的世界中保护个人信息的挑战。专注于这些前瞻性的道路，非洲国家可以建立一个强大的、全方位的数据保护格局，以确保其公民的隐私权，建立对数字服务的信心，并鼓励经济发展和创新。

五、结论

实施 AUDPC 为非洲大陆带来了挑战和机遇。本文探讨了非洲国家在法律、监管、技术、基础设施、能力建设和认识方面面临的挑战，以及在协调和跨境合作方面面临的挑战。为应对这些挑战并确保 AUDPC 的成功实施，必须将重点放在关键的未来方向上，例如加强构建法律和监管框架、提高技术和基础设施能力、促进能力建设和提高认识活动、促进协调和跨境合作以及参与全球数据保护趋势和发展。

本文的主要发现包括：法律体系和传统的多样性、缺乏全面的数据保护法律，以及需要平衡国家安全和数据隐私，这些都是重大的法律和监管方面的挑战。技术和基础设施方面的挑战包括数字鸿沟、网络安全威胁以及新兴技术对数据隐私的影响。能力建设和认识方面的挑战包括数据保护机构的资源有限、公众对数据隐私权缺乏认识，以及数据隐私和保护方面的能力建设需求。协调和跨境合作方面的挑战涉及调整整个非洲大陆的数据保护框架，建立跨境数据传输机制，以及与国际合作伙伴和全球组织合作。

根据本文的分析和结论，为非洲联盟及其成员国提出以下建议，以应对挑战并促进 AUDPC 的成功实施：

- 通过审查和更新现有的数据隐私法、弥补现行立法中的漏洞以及通过符合 AUDPC 原则的新法规，加强构建法律和监管框架。

- 通过投资 ICT 基础设施、促进隐私保护技术的创新以及支持研究和开发活动，提高技术和基础设施能力。

- 通过为利益相关方制定和实施培训计划、讲习班和合作学习机会，以及开展提高公众意识的活动，教育公民了解其数据隐私权，从而促进能力提高。

- 通过开展对话与合作，协调数据保护框架，建立跨境数据传输机制，并参与数据隐私相关的国际论坛和倡议，促进协调与跨境合作。

- 通过参加国际会议、与全球组织合作、监测新兴技术及其对数据隐私的影响，参与全球数据保护趋势和发展。

通过实施这些建议，非洲联盟及其成员国可以有效应对与数据隐私公约相关的挑战，保障其公民的隐私权，促进对数字服务的信任，最终促进整个非洲大陆的经济增长。

关于环境决策中公众参与权的法律思考

【南非】奥利弗·C. 拉佩尔、拉丽莎·简·H. 休斯顿* 著
徐 锦** 译 张小虎*** 校

摘要：近年来，气候方面的抗议和示威活动日益增加。在气候变化以及如何应对气候变化的问题上，公众和政府两方的意见存在明显分歧。问题的核心在于公众与国家之间缺少沟通，从而导致在国家气候政策的制定与实施过程中缺乏公众的支持。为了加大对新的以及现有的气候相关政策和倡议的支持，并确保公众参与的基本人权得到保护，国家必须在政策制定、出台、实施和监督过程中与公众共同努力。这有助于国家决策者更好地了解公众的关切，同时确保在推动气候相关政策的决策时，公民有机会行使其公众参与权；它还将提高决策过程的透明度与问责制，创造一个重视公众参与的包容性社会。我们已经在推动更多公众参与的进程中做了许多尝试。例如，推动更好的公众参与得到了联合国人权事务高级专员办事处（OHCHR）的鼓励和支持，并通过联合国可持续发展目标（SDGs）将其纳入了国家和国际层面的环境法。然而，当前我们有必要去重新思考并重构当前的公众参与程序，从而鼓励所有的利害关系方在包括气候变化在内的环境决策过程中加强合作。

---

* 奥利弗·C. 拉佩尔，博士，南非斯坦陵布什大学法学院教授、发展与法治研究项目负责人（Director of the Development and Rule of Law Programme），德国莱比锡大学弗劳恩霍夫国际管理和知识经济中心（IMW）特约研究员，德国康拉德－阿登纳基金会（KAS）非洲撒哈拉以南地区气候政策和能源安全项目的创始主任，南部非洲仲裁员协会的国际仲裁员，奥地利格拉茨大学格拉茨气候法研究中心气候法主任；拉丽莎·简·H. 休斯顿，奥地利格拉茨大学格拉茨气候法研究中心气候法项目研究员。

** 徐锦，湘潭大学法学院硕士研究生。

*** 张小虎，法学博士，湘潭大学法学院副教授，国际交流学院副院长。

关于环境决策中公众参与权的法律思考

【南非】奥利弗·C. 拉佩尔、拉丽莎·简·H. 休斯顿 著 徐 锦 译 张小虎 校

关键词：《奥尔胡斯公约》；公众参与；人权；气候政策；环境法；可持续发展

引言

面对全球范围内日益增加的环境抗议活动（包括与气候变化有关的非暴力抗议活动），公众应当如何参与主权国家的气候决策这一话题受到更多关注。公民对国家在气候相关目标、减少碳排放和化石燃料补贴方面的作为与不作为行为的关切程度越来越高。环保主义行动似乎已经成为国家了解民意的一种渠道。然而，这种行为往往被视为在气候政策问题上未能充分征求公众意见的制度下的最后手段。

可持续发展与气候行动是两个至关重要却极具挑战性的全球目标，需要所有利害关系方的共同努力。为了实现这两个目标，我们必须要让公众参与到决策过程中去。公众参与通过让不同的见解、观点和价值观对政策的制定与实施产生影响，使政策更加有效和可持续。事实上，让公众参与可持续发展与气候行动倡议能够增强他们对这些问题的公众意识、理解力与归属感。同时，公众参与能加强不同部门与利害关系方之间的合作与协作，促使其采取更加全面的措施来应对可持续发展和气候行动。显然，在可持续发展与气候行动中，将公众参与放在首位是至关重要的，这将有助于创造一个更有韧性的未来。但是，要想实现这样的公众参与并非易事。

本文将试图概述如何从不同角度来看待公众参与，以及最终如何理解、诠释并应用公众参与这一原则以实现总体目标。此外，本文通过对气候行动与气候政策进行案例研究，提出了可以在国家层面施行的明确措施，以促使公众更好地参与气候政策的制定与决策。而在可持续发展的背景之下，这些措施能够帮助有效落实公众参与权。本文的总体目标是为国家和公民提供实例和具体程序，以实现有意义的、包容的和多样化的公众参与。这种参与不仅应体现在具体的气候行动方面上，也应当体现在整体的可持续发展中。

一、国际层面的公众参与

公众参与作为构成民主制度的一项基本要素，能够保障公民参与到与自身利益息息相关的决策过程中去。从国际层面上来看，公众参与对于确保在全球政策与协议中考虑利害相关方的意见方面至关重要。联合国是在国际层

面上推动公众参与的主渠道之一。它为民间社会组织和公民个人搭建平台，使他们能够参与气候变化、人权和可持续发展等全球议题的讨论与协商。举例而言，2015 年，联合国大会通过了可持续发展目标（SDGs），这一议程涵盖了 17 项可持续发展目标，旨在实现全球可持续发展。近些年来，联合国人权事务高级专员办事处（以下简称为人权高专办）也在指导和洞悉保护公众参与的基本权利方面扮演着重要角色，尤其是在全球危机时期的政治和公共事务方面。

（一）可持续发展目标和公众参与

20 世纪 80 年代，可持续发展作为一个经济概念开始受到关注。随着联合国千年发展目标的启动，可持续发展目标以及《2030 年可持续发展议程》的出台，可持续发展作为一种实践方式才开始受到广泛关注。《2030 年可持续发展议程》中指出："本议程是一份关乎民众、关怀地球、实现繁荣的行动计划，旨在拓展自由范围，巩固世界和平，我们今天宣布的 17 个可持续发展目标和 169 个具体目标展现了这个新全球议程的规模和雄心。"它们是整体的，不可分割的，并兼顾了可持续发展的三个方面：经济、社会和环境。

可持续发展目标的制定和实施表明，联合国希望在 21 世纪瞬息变化的社会、政治和环境条件下更好地理解可持续发展理念。17 项可持续发展目标包含了 169 项具体目标，展现了联合国及其会员国对"新全球议程"的规模和雄心。可持续发展目标的普遍性有助于洞悉国际层面发展议程的内容与可能的期望。要想在发展方面取得进展，必须有更广泛的参与。这种广泛参与体现在不仅需要政府的参与，更需要广大公民参与到与其利益息息相关的决策中来。

公众参与是实现可持续发展目标的关键。我们必须承认这样一个事实，即每个人都应该拥有参与影响他们生活的决策和被倾听的权利。可持续发展目标第 16 条切题地指出：创建和平、包容的社会以促进可持续发展，让所有人都能诉诸司法；在各级建立有效、负责和包容的机构。其中第 10 项具体目标指出，根据国家立法和国际协议，确保公众获得各种信息，保障基本自由。因此，要想以包容和可持续的方式实现可持续发展和相关目标，及时响应公众的需求和偏好，就必须将公众参与贯穿决策全过程。

（二）人权高专办助力公众参与权的发展

人权高专办表示，积极扩大公众参与对民主治理、依法治理以及包容边缘化的弱势群体起着至关重要的作用。同时，人权高专办承认，如果不鼓励甚至限制公众参与政治和公共事务，会导致公众参与所面临的障碍（包括直接歧视与间接歧视）进一步固化。

2015 年，人权高专办发布了《在现有人权法背景下增进、保护和落实参与公共事务的权利：最佳做法、经验和挑战及克服挑战的方法》（以下简称为《增进和保护报告》）。报告中对平等参与政治和公共事务的人权框架进行了概述，并列举了参与政治和公共事务权方面的挑战，提供了应对挑战的经验和最佳做法的实例。最终，该报告成为促进公众参与权的起点。《公民权利和政治权利国际公约》第 25 条规定了每个公民都拥有参与公共事务的权利、选举和被选举的权利、参加公务的权利。该条款的关键在于对公众参与权进行了解释和适用，并鼓励公民参与公共事务。

根据报告，参与公共事务的方式包括：建立包容、有意义和非歧视性的程序和机制；保障让参与政治和公共事务的权利被不当剥夺的人民能够充分、切实诉诸司法和补救机制；此外，报告还进一步促进公众充分参与并有效影响对自己有影响的公共决策进程。具体体现在：获取信息；就政策制定和立法起草工作与公众进行磋商；通过与公民进行长期密集的对话，以便在立法全过程中充分了解他们的意见。报告还进一步提到《在环境问题上获得信息、公众参与决策和诉诸法律的公约》（即《奥尔胡斯公约》）是承认参与权的一个良好例子。

2018 年，人权高专办在《增进和保护报告》的基础上发布了一份补充报告。该报告讨论了关于各国切实落实参与公共事务权的准则。与《增进和保护报告》不同的是，《关于各国切实落实参与公共事务权的准则草案》（简称《准则草案》）为各国政府提供了许多切实可行的建议，以有效促进和保护公众参与权。该准则提出：切实落实参与公共事务权的基本原则；保障公民参与选举进程，在非选举背景下参与公共事务；确保在超国家一级包括在国际组织内的参与。报告中与本文研究目的特别相关的建议在于：各国应建立有效机制和机构来保障被边缘化的弱势群体参与政策讨论和决策程序的权利；确保参与公共事务权遭到侵犯时存在有效补救措施；同时各国政府应当促进决策进程中各方面的公开性、透明度和问责制；建立确保公众参与的常设结构；充分考虑并确保公众参与到决策各个阶段的必要步骤。

2020 年下半年，人权高专办主办了题为“参与、人权与未来治理挑战”的高级别会外活动。联合国人权事务高级专员米歇尔·巴切莱特在会上就公众参与权在国际和国家治理议程中的重要性发表了声明。巴切莱特在会上总结了五个要点。第一，参与是政府治理的核心原则之一；第二，参与是实现联合国核心目标的关键；第三，公众参与权本身不仅是一项基本人权，它还支持并依赖于对有效治理、发展与和平同样至关重要的其他权利；第四，阻挠公民参与关键的决策过程，可能会给政府治理造成严重后果；第五，加强参与权是全球范围内的一项紧迫任务。

最后，为了表明其对各国在公众参与方面所付努力的持续监督和认可，人权高专办于2022年发布了一份报告，就各国在2018年发布的《准则草案》指导下作出的良好实践和面临的挑战提出了建议。该报告采用与《准则草案》类似的结构，讨论了许多国家在成功落实参与公共事务权方面准则上采取的良好做法。人权高专办对在促进公众参与权问题上成果显著的国家进行点名表扬，为其他国家在探索公众参与方面树立了榜样。

可持续发展目标和人权高专为公众参与权的发展作出了令人称赞的贡献。除此之外，许多国际组织和条约也为公众参与贡献了自己的力量。例如，联合国欧洲经济委员会通过了《奥尔胡斯公约》。该公约旨在关注环境问题，要求签署国确保公民能够公正地参与环境决策，并从中获取环境信息。值得关注的是，人权高专办和联合国所提出的落实公众参与权的程序和要求与《奥尔胡斯公约》在环境法方面提出的程序与要求之间存在密切的相关性。这些相关性并非巧合，而是重申了在包括环境法在内的各法律分支和气候变化相关的政策设计和决策中坚持公众参与基本权利原则的重要性。

二、国际环境法背景下的公众参与

Quick 和 Bryson 认为公众参与（尤其是在治理领域），是指利害关系方（此处指公众）直接或间接参与其感兴趣的政策、计划或方案的决策。公众参与有着诸多益处，本文中列举以下几点：公众参与能够促进民主；加强可持续发展举措；提高公众参与的知识和技能；扩大当地社区的知识储备；使国家行为合法化，并提高政府机构的透明度和问责制水平；提高国家的决策能力。

公众参与的好处同样能够适用于环境法领域。事实上，公众参与在环境决策中发挥了关键作用，并推动了国际、区域和国家层面上多项政策的制定。1992年通过的《里约环境与发展宣言》中的第10条原则首次记录了公众参与国际环境事务的重要性。自此，公众参与环境决策成为环境法律文书中不可缺少的一环，并在之后促使联合国通过了《奥尔胡斯公约》。

1998年6月，联合国欧洲经济委员会在第四次部长级会议上通过了《奥尔胡斯公约》，以进一步推进“欧洲环境”进程。据联合国欧洲经济委员会称，《奥尔胡斯公约》及其议定书是唯一具有法律约束力的全球环境民主公约。这份公约已经得到各国的广泛采纳与认可，并被视为解决环境法中公众参与问题的主要文件。《奥尔胡斯公约》旨在确保各缔约方保障在环境问题上获得信息、公众参与决策以及诉诸法律的权利，从而保护每个人在适合其健康和福祉的环境中生活的权利。根据联合国欧洲经济委员会的资料显示，截至2022年10月24日，该公约共有46个缔约方，包括欧盟及其成员国，以及阿尔巴尼亚、白俄罗斯、格鲁吉亚、冰岛、哈萨克斯坦、北马其顿和英国等一些非欧盟国家。值得关注的是，尽管《奥尔胡斯公约》是由联合国欧洲经济委员会通过的，但它面向全球开放，这意味着欧洲以外的国家也有资格签署并成为该公约的缔约方。

在欧洲背景下，欧盟委员会承认公众可以行使与环境有关的各种权利，并且公共当局有责任确保公民实现上述权利。具体而言，《奥尔胡斯公约》包含的条款涉及：公众有权获得公共当局掌握的环境信息，即获取环境信息；① 公众拥有参与环境决策的权利，即公众参与；② 公众有权通过复审程序对不尊重上述两项权利或一般环境法的公共决定提出质疑，即诉诸法律。③ 其中尤其重要的是与公众参与有关的条款。

为了确定《奥尔胡斯公约》如何准确地处理公众参与方面的关切，我们有必要对其涉及公众参与的条款进行总体概述。《奥尔胡斯公约》第6条为公众参与有关具体活动的决策，也可以称为规范公众参与环境决策的条款。从广义上讲，第6条与是否允许拟议活动的决定密切相关。这就意味着，最终公众参与只有在开展环境活动时才是必要和可适用的，并且规定在开展活动之前要征求公众的意见，甚至可以理解为公众参与的存在只是为了确保环境活动的成功实施。

更具体地说，《奥尔胡斯公约》第6条概述了：准许或可能准许的拟议活动；向公众告知环境决策的程序时间框架的时机与方式；展开环境许可审

① UNECE, n. 17, Article 4.

② UNECE, n. 17, Article 6 – 8.

③ UNECE, n. 17, Article 9.

批的公众咨询；保障公众查阅和公众查询的权利；确保公众参与的结果在环境决策全过程中得到充分的考虑。该条款在附件一中提供了一份详细的拟议活动清单。至于未列入附件一且可能会对环境产生重大影响的拟议活动，各缔约方可以自行决定是否将公众参与问题纳入活动范围。① 目前对于重大影响的界定还没有一个准确的定论。因此，各方有机会根据自己的判断，将公众参与引入更多的活动中去。然而，如果缔约方认为某项活动不会对环境产生重大影响，则没有义务适用第6条中有关公众参与的规定。

最终，应由国家来确定公众参与环境决策的方式和范围。而这往往也是公众和国家之间争论的焦点，尤其是当公众认为某项活动会对环境造成危害，而国家持相反态度时。

《奥尔胡斯公约》第7条为“公众参与环境方面的计划、方案和政策，它要求公众参与制定与环境有关的计划、方案与政策”。第8条为“公众参与拟定执行规章和/或有法律约束力的通用准则文书”，它规定了缔约方必须确保“公众有效参与”公共当局制定执行规章的工作，包括参与实现这一结果所需的步骤。

我们从《奥尔胡斯公约》中可以清楚地看出，公众参与拥有严格的组织和准确的定义，并对公众参与环境决策的程度进行了限制。法学界大部分学者认为，《奥尔胡斯公约》能够适用于一般环境问题，包括具体的气候行动。正如上述所言，该公约的基本原则实际上适用于气候政策的制定和设计。尽管如此，在讨论以何种方式在气候行动的背景下进行公众参与的问题时，会经常出现矛盾和困惑。原因在于，该公约生效于20多年前，而在那之后，人们对公众参与的看法和公众参与的环境背景早已发生了翻天覆地的变化。

在公众参与方面，各种国际条约和盟约之间存在着明显的关联性。鉴于欧洲国家同样是联合国的成员，他们接受并遵循联合国机构的指导方针和原则，如人权高专办，同时也是《奥尔胡斯公约》的缔约方。② 因此，了解这些文书是否以及在多大程度上能够为公众参与气候行动产生协同效应是至关重要的。

① UNECE, n. 17, Article 6, 1 (b).

② 特别是考虑到后者在气候相关事务中的突出地位。

三、关于公众参与的理解

公众参与的概念包含两个广泛而又相互关联的术语，即公众和参与。二者都有自己的解释和定义，从而影响对公众参与的理解和落实。要想在各国准确、有效地实施国家范围的公众参与制度，就必须清楚地了解公众参与在环境法和气候变化法的政策制定中的含义。就环境法而言，《奥尔胡斯公约》对公众参与应包含的内容提供了方向和解读，但它并没有对这一概念作出明确而具体的定义。除此之外，公众参与在气候变化法中也没有一个普遍的定义。原因在于公众参与的不稳定性，致使其需要根据背景条件和利害关系方的需求发生改变。

近日，Akerboom 和 Craig 等学者将公众参与具体定义为“代表不同观点的公民为政府决策提供信息的能力”。就此而言，公众参与有助于避免公民商议，建立互信与合作，促进社会公正。它的具体形式包括公众会议、在线参与、调查等活动，以及旨在为政策制定收集意见和建立支持的其他形式的相关拓展活动。

（一）公众的确定

根据不同的定义来看，公众最基本的形式是指普通公众群体；一个民族或国家中的群体；或是有着相似或共同利益的群体。在环境正义问题的背景下，Nadal 指出，公众不仅仅只是环境不正义下永恒且被动的受害者，相反，他们应该被视为拥有自决权的积极行动者。因此，明确并承认公众的作用有助于完善公众应如何参与环境决策的看法，进而助推环境正义。

根据《奥尔胡斯公约》第 2 条第 4 款规定，“公众”是指一个或多个自然人或法人，以及按照国家立法或实践，兼指这种自然人或法人的协会、组织或团体。这种观点受到国家立法或实践的限制。然而，我们可以由此推断，除非在特定国家背景下另有规定，否则所有自然人和法人都应被视为公众。因此，如果国家或公共当局未将某个协会、组织或团体纳入公众的范畴，那么它们将被排除在《奥尔胡斯公约》规定的国家层面的公众参与之外。

《奥尔胡斯公约》在第 2 条第 5 款中进一步规定，所设“公众”指正在受或可能受环境决策影响或在环境决策中涉及自己的公众；为本定义的目的，倡导环境保护并符合本国法律之下任何相关要求的非政府组织应视为有自己的利益。这一定义涵盖了广泛的公众群体，而且相当模糊，缺乏确定

“受环境活动影响或可能受环境活动影响的公众”的明确标准。

《奥尔胡斯公约》第6条明确提到了“所涉公众”。具体而言，第6条第2款规定，应该以公告或适时直接告知的方式向受环境活动直接影响的公众提供各种信息。该条给出了应告知所涉公众的内容，具体包括拟议的活动、与活动相关的公开听证会的具体内容、负责提供信息的公共当局以及必要的环境信息。

简而言之，公众是指受决策过程影响或与其存在利害关系的个人或群体。包括来自不同背景、地区和社区的个人，以及与相关决策或政策的结果有利害关系的组织和利益集团。公众参与最终有助于确保政策的有效性和公平性，使其能够被受其影响的社区所接受。

（二）参与的划分

《奥尔胡斯公约》第6条中确定了若干推动公众参与环境事务的方法，即举办公开听证会，公众能在会前提出意见、信息、分析或见解；相关机构向公众提出问题、发表意见并与公众进行讨论；公共当局获取和审查信息。Sconfienza强调，公众参与建立在民主、公民身份和公众在决策过程中发挥的作用等规范性前提之上。民主的基础在于人民主权原则，而公民身份则赋予公民参与决策过程（包括环境治理）的权利。这些规范性前提构成了各国的司法框架和支柱。显然，公众“参与”作为一个概念，在很大程度上依赖于如何确保“参与”以及如何通过参与维护上述的规范性前提。

要想实现真正有效且高效的公众参与，就必须向公众提供言简意赅的相关信息，让所有人参与并理解决策过程。同时，必须要在决策者和公众之间建立有效的反馈和对话机制。

（三）《奥尔胡斯公约》下的公众参与对气候政策是否有效

Duyck认为《奥尔胡斯公约》提出的原则与联合国气候变化机制相关。气候变化是一个与全人类利益息息相关的环境问题，因此需要公众的参与。然而，目前《奥尔胡斯公约》将公众参与仅限于决定是否准许进行拟议的环境活动（拟议活动详见附件一）。对于未列入附件一的拟议活动，则由缔约方决定何时能够或应该适用《奥尔胡斯公约》的规定。我们从附件一可以清楚地看出，《奥尔胡斯公约》涉及的环境活动涵盖广泛。这为公众参与气候相关事务带来了机遇与挑战。当发生《奥尔胡斯公约》附件一中明确列出的与气候相关的损害时，公众有机会依照《奥尔胡斯公约》第6条行使参与权。然而，我们从最近的案例中可以发现，《奥尔胡斯公约》中并没有明确提及与气候有关的事项。这是因为 1988 年通过《奥尔胡斯公约》时，还未出现对气候变化相关政策领域的广泛研究和立法扩张。例如，附件一在讨论能源活动的时候经常提到核能，但却未曾提及与公正过渡有关的能源部门活动，以及与能源有关的补贴和技术转让规则的制定。

我们不可否认《奥尔胡斯公约》的重要性，但它主要还是作为一种追溯性、限制性工具发挥作用。面对气候变化，我们需要一个更加积极主动的预防性工具。赵艳坤和 Bucher 形象地指出，尽管《奥尔胡斯公约》成功地促进了决策透明度和公众对信息的获取，但我们仍有必要在决策过程的清晰度和影响之间找到平衡点。这一观点并未否定《奥尔胡斯公约》在促进广义的环境保护方面发挥的作用。

2002 年，Getliffe 曾提出，《奥尔胡斯公约》中所概述的环境概念的程序化有助于确保环境保护的标准、带来新的信息、实现法律进展的交流、促进并鼓励参与和开放获取。这个观点至今仍有很强的现实意义。通过提供并说明《奥尔胡斯公约》所载的落实支持公众参与的严格程序，从而提高公众参与限度方面的法律确定性和明确性。换而言之，公众应清楚地知道参与的对象、参与的内容、参与的方式、参与的时间以及参与的必要性。程序化要求在采取决定性步骤实现公众参与时，应保持在参与过程和问责制方面的透明度。

人权高专办在促进公众参与基本权利方面所认可的国际观点也值得令人深思。尽管《奥尔胡斯公约》存在可立即纳入气候变化制度的条款，但重要的是要在气候政策的设计与决策过程中考虑人权。话虽如此，在气候相关决策与政策设计的特定背景下，如果《奥尔胡斯公约》能被用作公众参与的框架，那么其内容的程序化对于推动公众参与气候法相关决策是至关重要且便利的。一方面，《奥尔胡斯公约》的程序化在提高透明度和完善问责制，进而加强与气候相关决策中的公众支持方面扮演着至关重要的角色。另一方面，由于程序化提供了一组确保公众参与的具体步骤和目标，其本身也会变得更加方便。然而，鉴于气候行动的复杂性和气候诉讼的逐步升级，现有的环境承诺难以满足气候变化法不断变化的需求和发展，因此需要进一步明确《奥尔胡斯公约》中提及的广泛的环境承诺。

四、气候政策制定中的公众参与过程

正如前文所言，关于气候变化的危害和国家不作为方面的民间讨论日益增多。同时，越来越多的例子表明，公众正试图追究国家未能遵守气候相关目标和承诺的责任。简而言之，公众对国家在理应及时、有效和可持续地实现气候目标方面所取得的进展颇有微词。有人认为，如果让公众积极参与气候变化相关的决策和政策制定，就能避免日益增多的民间讨论。

我们可以从气候变化法的发展中看出，在其制定过程中必须保证公众的参与。尽管《奥尔胡斯公约》在引入公众参与环境决策的框架和基本原则方面发挥了作用，但它在支持气候立法、气候行动和公众参与的变化和发展方面还存在进步的空间。因此，这里有必要重提联合国各机构所强调的与公众参与基本权利有关的框架、原则和建议。Wibeck 等专家学者认为，公众参与可以通过提高透明度、完善问责制和确保合法性来推动气候政策的有效实施。人权高专办发布的指导方针报告中也强调了这几点。Hurlbert 和 Gupta 认为，公众参与有助于政策制定者在前期的政策制定过程中发现潜在的冲突或分歧，并在这些问题成为落实气候政策的主要障碍之前加以解决。

在上述情况下，我们有必要重新审视在气候变化法律背景下对公众参与的理解。对此，公众参与必须有一套支持气候政策设计、实施、执行、监测和报告的正式程序或流程。从本质上讲，这一程序应始于气候政策制定之前，并让公众参与气候相关决策以及对气候政策实施过程及其最终效果的监督。以《奥尔胡斯公约》为出发点，再结合《公民权利和政治权利国际公约》第 25 条中所述的公众参与权，以及联合国组织所引用的公众参与原则，我们可以看出，公众参与气候事务的“程序化”将代表气候政策未来的发展方向。

（一）公众参与与气候治理

根据《联合国气候变化框架公约》（以下简称《气候变化公约》）第 6 条第 1 款第 3 项规定，各缔约方应在国家一级并酌情在次区域和区域一级促进和便利公众参与应付气候变化及其影响和拟定适当的对策。此外，作为《气候变化公约》的一员，各缔约方应确保在气候变化教育、培训和培养公共意识方面的高度参与。在整个《气候变化公约》中，仅有两条模糊地提到了公众参与问题，并且其作为制定气候相关目标和承诺的国际公约，并未具体提及公众参与的方式和条件。因此，由于缺少在公众参与的具体内容和方式上的指导，往往导致上述《气候变化公约》中的条款执行不到位。

2002 年，第八次缔约方会议通过了关于《气候变化公约》第 6 条的《新德里工作方案》（以下简称《工作方案》）。该《工作方案》旨在就缔约方在《气候变化公约》第6条取得的进展方面提出意见与见解。《工作方案》就《气候变化公约》第6条的未来工作方面提出，各缔约方在制定和落实应对气候变化的努力中寻求投入和公众参与（包括青年和其他群体），并鼓励所有利害关系方和主要群体的代表参与气候变化谈判进程。经过五年的评估，于2007年举办的第十三次缔约方会议对《工作方案》进行了修订，但上述建议保持不变。在2012年举办的第十八次缔约方会议期间进行的评估中，《工作方案》[①] 重申了上述建议并略作补充调整，要求缔约方邀请利害关系方报告第6条的执行情况，并加强青年、妇女、民间社会组织和媒体的积极参与。

2021年举办的第二十六次缔约方会议再次对《工作方案》[②] 进行了审查。与以往的《工作方案》报告不同的是，2021年的方案审查旨在就各缔约方如何确保更好的公众参与方面提供更实际的见解。《工作方案》鼓励缔约方将利害关系方和公众纳入应对气候变化的倡议以及谈判进程；鼓励公众报告《工作方案》的执行情况；建立公私伙伴关系或公共－非营利伙伴关系。在《工作方案》中应特别注意以下指导意见："就气候决策问题举行经常性和包容性的民间社会协商，包括具有具体成果的后续进程，如反馈调查，以帮助参与者表达他们认为自己的投入是如何被使用的；制定指南，推动公众包括儿童和青年积极参与气候变化决策，并协助地方政府和公众参与气候变化决策。"

《气候变化公约》的框架中并没有向缔约方提供能够促进公众参与气候治理的明确、可操作的活动。这样做的部分原因是为了让各缔约方能够独立制定、采纳和监督公众参与的需求，从而更好地适应各个国家自身的立法、社会和公民结构。然而，这一行为为国际层面上的公众参与留下了空白。遗憾的是，这一空白如今已演变成国家层面的不作为，进而演变成次国家和地区层面的不作为。尽管《气候变化公约》及各机构已尽力就公众参与的内容提出意见和见解，但由于其未能提供言简意赅的公众参与程序和协议，导致各缔约方对公众参与应包括哪些基本内容以及有效的公众参与所带来的价值一无所知。

---

① 会议期间，工作方案的名称从《新德里工作方案》更改为《多哈工作方案》。

② 会议期间，工作方案的名称由《多哈工作方案》更改为《格拉斯哥气候赋权行动工作方案》。

（二）公众参与气候治理的意义

公众参与是公民行使其受《公民权利和政治权利国际公约》第25条所保护的“参与公共事务”权利的一种方式。国家和公共当局通过鼓励公众参与，无意间提高了透明度和问责制，增强了公众对国家立法结构和国家行为的信心。虽然我们常常将公众参与视为鼓励公民更好地参与的一种手段，但不仅仅只有公民能从中获益，国家也能从具有包容性的参与过程中获得许多机遇。

综上所述，落实、支持和确保公众参与的好处显而易见。第一，公众参与提高决策过程中的透明度和问责制。当公众参与决策时，决策过程是公开的，因此他们可以清楚地了解决策背后的动机。第二，公众参与通过在决策过程中引入各种观点、经验和专业知识，从而提高决策质量，作出更明智的决策。第三，公众参与可以在决策过程中建立公民对政府决策公正性的信任，因为其能够确保所做的决定充分反映公众的利益和价值观。第四，公众参与提高了公民参与度，鼓励个人和团体积极参与公共事务，从而保障公民的参与权和知情权。第五，公众参与通过鼓励拥有不同背景和不同观点的人之间进行对话和相互理解，从而创造一个更加团结、更具有凝聚力的社会。第六，公众参与提高了有效落实决策的可能性。

（三）公众参与气候政策设计的形式

基于不同的期望参与程度，可以采用不同形式的公众参与。本节将具体介绍用于鼓励参与环境和气候决策的一些实践方法和手段，具体如下：

1. 公众听证会：会议邀请公众就特定的气候相关问题发表口头或书面意见。

2. 公民咨询小组或公民大会：这些公民团体的任务是就某一特定问题评估证据、发表意见并提出建议。

3. 公众咨询：公众可以就某一特定问题提出关切、问题和反馈意见。

4. 全民公决：要求公众就某一特定问题直接作出决定或进行投票。

5. 开展调研：向公众分发调查问卷用于收集对某一特定问题的相关信息。

6. 焦点小组：由代表特定人口或利益群体的选定人员主持讨论。

7. 网络参与：利用社交媒体、网站和电子邮件等网络平台，征求公众的反馈意见并与公众互动。

8. 非政府组织的参与：非政府组织在倡导气候行动、为决策者提供专业知识和资源以及代表边缘化社区的利益方面发挥着重要作用。

9. 绿色法庭：负责专门审理环境案件，从而确保环境法律得到执行、环境权利得到保护。

以上只是众多公众参与形式的一些举例。具体的选择应取决于所涉问题、期望的参与程度以及可用的资源。

（四）负责公众参与气候事务的当局或机构

我们需要建立这样一个政府机构来实现向包容性公众参与的顺利过渡。首先，该机构需要充当政府与公民之间的传话人角色，为公众提供一个表达意见和参与政策制定的平台。其次，它还需负责组织公共论坛、辩论和会议，以便公民参与到与自身利益息息相关的问题讨论。最后，它还需要负责收集公众对气候相关的政府政策和项目的反馈意见。这些反馈将用于提高政府服务的质量，确保政府服务满足公民的期望。

此外，政府机构需要确保妇女、青年和残疾人等边缘化群体的公众参与权。这样就能确保在作出影响公民生活的重要决定时，考虑到所有公民的意见。同时，还应与民间社会组织、私营部门和其他利害相关方合作以加强公众参与。这将有助于彼此之间就公众参与方面的想法、经验和最佳做法展开交流。总而言之，这样的政府机构符合人权高专办在指导方针报告中所设想的期待，同时也是促进公民参与和提高政府透明度和问责制的重要一环。它将为公民提供一个表达意见和参与决策过程的渠道，最终实现更有效的治理和公民的高品质生活。

五、结论

Chess 和 Purcell 认为，衡量公众参与成功与否的标准要么是结果的质量，要么是过程本身。公众参与有助于防范气候行动方面的民间讨论。当公众参与到决策过程中时，他们会感到自身与其休戚相关。因此更可能去信任国家作出的决定，并接受决策结果。公众参与还有助于政策制定者在前期的制定过程中发现潜在的冲突或分歧，并在这些问题成为落实气候政策的主要障碍之前加以解决。

总的来说，公众参与能在很大程度上帮助增进信任、促进合作和助推气候行动。此外，公众参与有助于确保所实施的政策公平公正。因为公众成员可能持有决策者未曾考虑过的独特观点和经验，尤其是那些来自边缘化地区的成员，他们往往会受到气候变化的不成比例的影响。政策制定者通过与这些公众接触并收集他们的反馈意见，可以制定出满足公众具体需求和关切的政策，从而促进社会公正，减少民间讨论的可能性。正如我们前面讨论过的，根据《公民权利和政治权利国际公约》第 25 条、联合国各组织给出的建议以及《奥尔胡斯公约》所规定的程序来看，公众参与在实现公平、包容和有效的决策中发挥着关键作用。因此，决策者在应对气候变化时必须将公众参与放在首位。

图书在版编目（CIP）数据

非洲法评论．2022 年卷 / 洪永红，郭炯主编．-- 湘潭 ：湘潭大学出版社，2023.12
ISBN 978-7-5687-1337-5

Ⅰ．①非… Ⅱ．①洪… ②郭… Ⅲ．①法律－研究－非洲 Ⅳ．① D94

中国国家版本馆 CIP 数据核字（2024）第 003274 号

非洲法评论·2022 年卷

FEIZHOUFA PINGLUN · 2022 NIAN JUAN

洪永红 郭炯 主编

责任编辑： 刘文情
封面设计： 张　波
出版发行： 湘潭大学出版社
社　　址： 湖南省湘潭大学工程训练大楼
电　　话： 0731-58298960 0731-58298966（传真）
邮　　编： 411105
网　　址： http://press.xtu.edu.cn/
印　　刷： 长沙印通印刷有限公司
经　　销： 湖南省新华书店
开　　本： 710 mm×1000 mm 1/16
印　　张： 12
字　　数： 220 千字
版　　次： 2023 年 12 月第 1 版
印　　次： 2023 年 12 月第 1 次印刷
书　　号： ISBN 978-7-5687-1337-5
定　　价： 70.00 元